東京建築士会編

更新する家

[リノベーション住宅大研究]

建築資料研究社

Introduction

はじめに

昨年の暮れから今年の始めにかけて、この本のタイトルにもなっている「更新する家」というテーマで、リノベーション*された住まいの実例や提案を募集しました。これは、東京建築士会が継続して開催している「住宅セレクション」というコンペティションの３回目となるものです。これまでにも、自由な住まいのカタチや住宅がつくる風景などをテーマに住宅提案の募集を行い、著名建築家によってセレクトされた作品の公表を行ってきました。

今回のテーマの「更新する家」は、住宅を30年程度しか持たない消費財として見るのではなく、使い続け「更新」することによって既存住宅に新しい価値が与えられるような状況があることを知ってもらいたい、という思いから決めました。住まいのお化粧直しを超えたリノベーションという発想が、リフォームと建て替えに代わるユーザーに与えられた第三の選択肢として、さらに大きく言えば、保存と再開発に代わるまちづくりの中間的解決方法としても注目されています。

この本は、多数の応募作品から建築評論家の植田実氏と建築家の千葉学氏、両審査員によって選ばれた14のリノベーション実例を紹介することを中心に構成されています。それぞれの作品が既存の状況をうまくとらえ、オリジナリティと普遍性を持った解決を示しています。それらに加えて、審査会の中で交わされた植田実氏と千葉学氏の対談、建築家によるリノベーション住宅の系譜を追った評論、東京建築士会に所属する若手建築士によるコラムなどを盛り込み、より包括的な内容の書籍となるよう企画・編集しました。

本書を手に取られた住まいに関心のある読者にとって新しい気づきとなることを願っています。

東京建築士会 青年委員会
「住宅セレクション」ワーキンググループ

＊リフォームではなくリノベーション。リフォームとリノベーションの違いについては、本書「更新する家の系譜」（p.97 ~ 112）などを参照下さい。

contents

都市の風景も変える

**2011年3月16日に開催された第3回「住宅セレクション」。
その審査員を務めた植田実氏、千葉学氏がどのような評価基準でのぞんだのか。また、今回の募集テーマとなった"更新する家"に対する考え方について、審査を終えて、あらためて語り合いました。**

（聞き手　磯達雄）

リノベーション住宅のおもしろさ

——まず、審査の感想を聞かせて下さい。

植田　コンペに応募してくれたみなさんが、改修前の状態も含めてたくさんの写真を載せたプレゼンテーションをつくってきてくれたので、見る方も大変でした。審査の基準としては、どういうコンセプトで住宅を再生したか、という点が一番重要なポイントになりました。耐震改修や設備の更新はもちろん必要ですが、それに応えるだけではもの足りない。今回の審査では、そこから先にコンセプトがあるものを選ぼうとしました。

全体的な傾向を言うと、間仕切りで細かく分けられた家で、壁を取って広く見せる事例が多かったですね。この手法は戸建て住宅にもマンションにもありました。それから、天井を取り払って、裏にあった構造体をきれいに見せるというやり方もたくさんありました。室内を広く見せようという狙いは、間仕切りを外すことと共通するのかもしれません。

素材を統一するという方法も見られましたね。壁も収納も同じ板材、もしくはガラスにするとか。こういうやり方は、イメージをわかりやすく変えてくれるし、住む人も満足度が高いんじゃないでしょうか。でもこれは、新しく変えたところが増えれば増えるほど、古いままのところが目立ってしまう。そういう難しさがありますね。

とくに印象的だったのは、1950年代に山田初江さんが設計した住宅（p.50）を、原設計を大切にしつつ、少しずつ更新しながら今日までずっと住み続けてきたという事例です。この時代の住宅がこうして残っ

千葉学（ちば・まなぶ）

1960年、東京に生まれる。東京大学大学院工学系研究科建築学専攻修士課程修了。日本設計（1987-93）を経て、ファクターエヌアソシエイツ（93-01）を共同設立。現在は千葉学建築計画事務所を主宰（2001-）。東京大学大学院准教授。建築作品に「和洋女子大学セミナーハウス」（1997、JIA新人賞）、「黒の家」（2001、東京住宅建築賞）、「split」（2002）、「KASHIMA SURF VILLA」（2003）、「MESH」（2004、吉岡賞）、「日本盲導犬総合センター」（2008、JIA賞、日本建築学会賞作品賞）など、著書に『rule of the site——そこにしかない形式』（TOTO出版、2006）などがある。

対談

リノベーション住宅は

植田実（編集者・評論家）×千葉学（建築家）

ているのは非常にめずらしい例で、日本は住宅をたいへん熱心に設計している国ですが、にもかかわらず、あるいはだからこそ、貴重な歴史資料としての住宅がどんどん消えているんですね。そのことを改めて感じさせられました。

千葉　建築雑誌に載っている建築は、更地になった敷地に建てられる新築の建物が多いのですが、そういうものに比べて、今回のリノベーション作品の方が圧倒的におもしろかったという印象です。たとえば電力施設に付属した社宅を賃貸集合住宅に変えたものがありましたが（p.14）、ここは敷地が住宅地ですらなく、都市のインフラ施設だったところです。そこにうまく踏み込んでいっている。都市の中に新たな居住環境を見いだしているんですね。そういうふうに、既成の枠組みを乗り越えていけることがリノベーションのおもしろさだと思います。

どこにでもありそうな住宅地につくる場合でも、新築だと自作自演のデザインになってしまいがちです。ところがリノベーションだと、ひとりの建築家がいくらがんばっても生み出せないような、豊かな風景を実現できることもあります。エントランス部分だけ増築した作品がありましたけれど（p.66）、こういうものはリノベーションだからこそ生まれてくる造形なのではないでしょうか。

プレゼンテーションの写真について植田さんが触れましたが、自分のことを振り返っても、更地に何か建てるとき以上に、リノベーションの方がかなり多く写真を撮りますね。すでに何かが敷地にあることを前提にすると、ものをみる精度が圧倒的に違ってくるということだと思うんです。

植田実（うえだ・まこと）

1935年、東京に生まれる。早稲田大学第一文学部フランス文学専攻卒業。『建築』編集スタッフ。『都市住宅』（1968年創刊）編集長。『GA HOUSES』編集長などを経て現在、住まいの図書館出版局編集長。2003年度日本建築学会文化賞受賞。著書に『真夜中の家──絵本空間論』（住まいの図書館出版局、1989）、『集合住宅物語』（みすず書房、2004）、『植田実の編集現場』（花田佳明との共著、ラトルズ、2005）、『建築家五十嵐正』（西田書店、2007）、『都市住宅クロニクル』（みすず書房、2007）、『真夜中の庭──物語にひそむ建築』（みすず書房、2011）、『住まいの手帖』（みすず書房、2011）などがある。

新しい文脈で読み替える

植田　千葉さんが手がけたものでは「レストラン長屋門」（２００８年）がありますね。リノベーションはあれが初めて？

千葉　ビル内の改修で店舗の内装を手がけたことはありましたが、歴史的な建造物ときちんと向き合ったのはあれが最初です。経緯を話すと、もともとは富士宮市の市街地に移築された江戸時代の長屋門が残っていて、それを壊すという話を耳にしました。それを見に行ったら予想以上に良い建物だったので、「とりあえず残して活用した方がいいんじゃないですか」という話から始めたんです。もともとリノベーションの設計を依頼されたわけではありませんでした。

植田　増築ですか？

千葉　長屋門自体を改造しようとするとすごいたいへんなことになるので、これは原状に戻すことを方針にして、離れを新しくつくりました。もともとあった建物と離れの両方でレストランになっています。

植田　増築ではなく離れたところに建てても、もとの建物をテーマにつくれば、意識がまったく変わってきますよね。

千葉　全然違いますよ。だから本来は、既存の住宅地に新築をつくるにしても、見方によっては、街にとっての増築といった位置づけでやらなければいけないものなんだと思います。新築もリノベーションも違いはない。

植田　そう考えると発想も変わってくる。

「レストラン　長屋門」（2008年　設計／千葉学）
写真／西川公朗

千葉　僕は設計というものは既存の環境を読み替えていくことだと思っています。今回、見た住宅の中にも、そうした視点が現れているものをおもしろいと思いました。

植田　そうですね。設計者が関わる住宅や街並みに対しても、固定観念のようなものが実はあるわけですね。それにとらわれずにやれるかどうかが求められてきます。逆に民家らしい民家を、再び民家らしくつくり直したというような、ある意味では誠実な作品は、今回の審査では点をつけにくかった。

千葉　町家のリノベーションもありました。それなりの質をもったものだから、それをまったく新しい文脈で読み替えるのはなかなか難しいのだろうと思います。既存の文脈の延長上でつくった方が安全ですしね。一方、ありふれたタイプの住宅の方が、文脈があるようでなかったりするから、自分で積極的に読み替えることができます。そちらのタイプの方が、結果的におもしろいものができたという面はあるでしょうね。

植田　古民家再生に長年取り組んできた人たちがいます。そうした建築家の仕事の意義を十分に認めた上で、今回はそうしたグループとは違う、もっとマイナーな建築家の方に目がいった、ということかもしれません。

素材や空間の概念をくずす

——応募された案を見ていきたいと思います。間仕切りを外して一室空間のようにする手法について話が出ましたが、そのなかでおもしろかったのはどういうものですか。

植田　古いところと新しいところのバランスに興味をひかれました。間仕切りを全部取り外してレストランにしているものがありましたが、それだけだとよくある店舗改装に見えてしまう。きれいにまとめられているけれど、ちょっと点を入れにくかった。

千葉　ツーバイフォー住宅を改修したもの（p.62）は良かったですね。日本にはツーバイフォーの住宅がたくさん建てられています。僕も一度、ツーバイフォー住宅を改造することを考えたことがあるのですが、壁の量が決まっていてなかなか削れないことなど、制約条件が非常に多いんです。完成されたシステムだけに、手を加えるのが難しいんですね。この改修は、ツーバイフォーはツーバイフォーとしてそのまま受け入れながら、そこに手を加える余地があるところを見つけ出している。そのあたりが巧みですね。屋根のかけ方が変わるだけで、区切られていた部屋が緩やかにつながっていく、この発見はツーバイフォーの住宅メーカーも採用したいくらいの新しいアイデアではないかと思います。

植田　部屋と部屋の間に、テーブルをひとつ置いてつなげるやり方もうまい。

千葉　リノベーションにおいては、壁を取って大きなワンルームにするというのは多くの人がやっているありふれた手法なんです。でもここでは、壁を残しながらもこれだけの一体感を生み出している。そうとう巧みな確信犯ですね。

——マンション改装でも間仕切り壁をなくしていく手法がしばしばみられます。

植田　これもそうですね（p.22）。玄関を入って靴を脱ぐとそのまま脱衣場があってお風呂に入れるようになっています。独身の男性が住んでいるのかと思うけど、ひとりで住むとなれば、このように思い切ったプランがあっていいはずですよ。単身者向けの住戸プランというと大抵は、リビングダイニングがあってキッチンがあって水まわりが脇に小さくあるという、普通の家族向けのプランをコンパクトにしただけ。それでいいのか、という問題点を突きつけているように見えましたね。

明日館のそばにある住宅、これも単身者の住まいですかね（p.54）。僕自身の生活体験から言うと、これが一番いとしく感じます。実感として住んでみたいです。古くて良い住宅を自分で探し出して、そこに最小限の生活装置を持ち込んで住んでいる、みたいな。

——材料の使い方でおもしろかった作品はありますか?

千葉　古い材料の新しい流通を考えたというのがこれですね（p.30）。家を空間として残すのではなく、材料を残すことに徹している。そして、それでもこれだけのことができると、示してくれています。

植田　材料を集めるということでは古民家再生グループとも共通しているけど、これは集積の仕方が違いますね。ヌーベル・キュイジーヌというか、新しい何かです。今までにない古材の味わいですね。

千葉　古材をもとのコンテキストとは無関係に組み立てているんですね。そこが新しい感じがします。民家風になりがちなところをうまく避けて、だからこそ素材の持っている時間の蓄積が鮮やかに浮かび上がってくる。そこがいいと思いますね。

植田　古材バンクのようなシステムがもっと常識化していき、スムースに古い材料が集められるようになればいいと思いますね。木材だけではなくてね。

リノベーションで最高の力を発揮する

――どこにでもあるような普通の住宅に介入していった事例のことが触れられました。応募案ではどれにあたりますか？

千葉　僕が気に入ったものでは、先に挙げた（p.66）と、伊勢市の作品（p.18）ですね。実際、中がどうなっているのか、ぜひ見てみたいと思わされます。

　最近は一挙に壊して、一挙につくるというのが主流になってしまっているので、こういう増築が新鮮に感じられたのですが、このくらいの小さな増築が、かつては当たり前のこととして行われていたんだと思うんですね。小さな更新が繰り返されていく方が、町にとってもいいはずなんですよ。風景が地層のように積み重なっていきますからね。

植田　そういうちょっとした改造に、建築家のセンスが現れるんでしょうね。

　僕がリノベーション住宅の事例を見て、一番、印象的だったのは、木島安史さんが設計した「孤風院」です（p.104）。大学の講堂だった木造の建物で、柱が6本ずつ並んでいる長方形の平面を正方形に縮めて、中央部の壁を抜いただけなんですよね。それで中庭形式の地中海地方の住宅みたいに、一挙に変身してしまいました。あれを見たとき、建築家というのはこんなことができるんだと感動しましたね。

千葉　あれは増築というよりは減築なんでしょうけど。

植田　集合住宅でいうと、「求道学舎」は良かったですね。若者が集団生活をする寮だった施設ですが、敷地の関係で建設重機を入れられず、建物を壊せない。しかたがなく残すことになったわけですが、イメージを大転換して、楽しい集合住宅に変えてしまった。廊下だったところが住戸の一部になったり、いろいろうまい使い方をしています。もとの建築も良かったんでしょうが。

千葉　カルロ・スカルパほか、海外でもリノベーションがうまいことで有名な建築家が何人もいますね。

植田　やはり、建築家が一番簡単なやり方で、一番大きな効果を上げられるんでしょうね。黒川紀章さんが、日比谷にあった旧帝国ホテルの保存運動が起こったとき、「あのまま地下に埋めてしまえばいい、そうすればフランク・ロイド・ライトによる内部空間は守られる、上には超高層でも何でも建てればいい」、そんなリノベーションの案を言っていました。

千葉　そんな話があったんですか。初めて聞

「孤風院」
（1975年　設計／木島安史）

「求道学舎」
（1926年、改修／2006年　設計／近角真一）

きました。

植田　黒川さんの建築の考え方で一番いいんじゃないかと、僕は思っているんですけどね。つまり建築家は、先ほど千葉さんが言ったように、自分ひとりでやるよりも、むしろ前からある何かがあって、それを相手に対話をするときに最高の力を発揮するということなんです。建築の分野だけではないのかもしれませんが。割れた茶碗も、割れ目を金でつなぐと、割れる前より価値が上がることもあるとか。

千葉　割れた跡がそのまま見えているんですよね。

植田　そこに新しい美意識が生まれたり。それが原点だと思いますね。

——最近の若い建築家の間では、リノベーションに対する関心が高まっているようです。

千葉　リノベーションは地球環境を守るためにもいいとか、社会的正義の観点からその正当性を語ることもできるのでしょうけど、僕はそれ以上に、ひとりの作家が自分だけで頑張っても絶対に生み出せないものを、リノベーションならつくり得るということ。そこに意義があると思うんですね。最近では、建築設計のプロセスにワークショップを取り入れることもよくやられていますが、同じことかもしれません。ひとりの人格からは生まれないようなものをどうやって生み出すか、そこが設計やデザインの根本的なテーマのような気がするんですよ。

——既存の建物は設計上の大きな制約ですが、それがあるからこそ自分を乗り越えられるということですね。

千葉　建築設計者の一部に、アルゴリズム（形式的な操作で自動的に解決を導き出す手法）を設計に採り入れようという考え方があります。そういうものも結局は、自分でコントロールできない「他者」を、どうやって自分のデザインに取り入れるのか、そういうことなのかなと思いますけどね。

古い記憶と新しい空間が連続的につながる

——リノベーションは住む人にとってはどんな良いことがありますか?

千葉　一般的な話は難しいので、僕の個人的な体験の話をします。僕の実家は、ひたすら改築が行われ続けたんですよ。

植田　それはおもしろい。

千葉　その体験というのは、いま振り返ると、とても魅力的な体験でした。あるとき家に帰ると、壁の一部分がなくなっていたりするわけですよ。次のときは、部屋がひとつ付け加わったりしている。いままで見ていた風景が、つねに更新されていくわけですね。まっさらな家で新しい生活を始めるのは、それはそれで魅力的なんですが、自分が生活してきた家というのはそれなりに記憶が蓄積していますから、その記憶がリセットされるのではなくて、古い記憶を残したままどこかが新しくなっていく体験の方が、家族にとっては好ましいのではないでしょうか。それまでの生活と新しい空間とが、不連続にならずにつながっていくわけですからね。

——友人から、自分の家を壊して建て替えるか、改造して住み続けるか、迷っていると言われたら、どう答えますか。

植田　難しいですね。

千葉　設計の仕事としてはリノベーションの方がたいへんです。その割に設計料も低い（笑）。

植田　僕自身の家も、35年前に女房の家に2階を建て増したものです。いわゆるお神楽《かぐら》というやり方ですね。住み始めてから、三十数回、大工さんに来てもらい、いろいろ手を入れていますが、「ここに縁側をつくって」とか、「ここに棚がほしい」とか「具体的な要求への対応でしたからね。一般的にはこのやり方をただ積み重ねるだけなら、もとの住宅を抜け出せませんから、しまいには面倒くさくなって、「じゃあ新築しよう」となる。

　増改築はその場、その場だけの対応になりがちだけど、もとの住宅の見え方が変わるくらい大胆にやる可能性もある。

いま、ある環境を肯定すること

——最後にリノベーション住宅が、これから社会的にどう位置づけられていくのか、展望について聞かせて下さい。

千葉　僕は東京で生まれ育っているので、東京の町をこよなく愛していますが、かつてあった東京らしい風景がどんどん失われています。それがどうすれば残るのかを考えるとき、リノベーションの意義がさらに高まると思います。今回、応募された住宅を見ていると、相当な知恵と努力がここに投入されていることが見えてきました。そういう意味では、前向きにとらえてよいのかもしれません。

植田　既存の建物を受けて、その隣につくるという話をしましたが、そのときに問題になるのは、もとからあった建物がなくなってしまうと、その連続性は無意味になるのではないか、という点です。僕はそのときに、あとからつくった建物に痕跡が残っていれば、それでもいいと思っているんですね。村野藤吾さんが設計した日生劇場には、帝国ホテル側に変な窓がひとつ開いています。あれは、建設当時に隣に建っていたライトの帝国ホテルに敬意を表して開けた窓だとされています。ライトの帝国ホテルはなくなってしまいましたが、村野さんがライトに敬意を表した痕跡は残っている。都市というのは、そういう無数の痕跡にも覆われているんですね。

　建築と建築はいやおうなくつながっている。そのことがこれからどう意識されていくか、それに僕は興味があります。

——なるほど、今回は更新する家というテーマでしたけど、それは風景や都市について考えることでもあるんですね。

植田　そういう新しい時代に入りつつあるということが見えてきたことが、今回のコンペをやった意義だと思います。

千葉　いままでの建築家は、これまでの建築はダメだ、現状の都市はダメだ、と言い続けて、スクラップ&ビルドしてきたんですよね。でも本当にそれでよかったのでしょうか。僕はいま、どんな環境でも「ここは良い」と言い続けなければいけないのではないかと思っています。リノベーションというのは、基本的なスタンスとして、今あるものを肯定する立場です。そこがいいところだと思います。

——ありがとうございました。

人物写真　柳生貴也

■住宅セレクション

「更新する家」入選作品

第3回住宅セレクションで審査員の審美眼にかなって入選した14作品を、
応募時の登録番号順に紹介します。
＊各作品2ページ目の番号は登録番号を示しています。

contents

C. U. I

中佐昭夫（ナフ・アーキテクト＆デザイン）

①電力施設脇の路地スペースが入り口。②アプローチにある各住戸の専用スペース。インターホンや郵便受け、駐輪のスペースとなっている。③④共有廊下の両脇にあった既存の倉庫部分を改修した住戸専用のプラスルーム。⑤⑥住戸によって専用の庭が設定されている。踏み石のある庭は１階の住戸用、螺旋階段部分は２階の住戸用。⑦⑧基本となる住戸ユニット。1階のみ床が下がっていて、天井高が高くなっている。

014

01

6	5	2	1
8	7	4	3

SETAGAYA-KU, TOKYO
2008

平面図

アプローチ

表から住宅の存在が見えない隠れ家的、ユニークな配置。電力施設脇の長い路地スペースを通り住宅部分に至る極度に奥行きのあるアプローチ。

C　プラスコーナー

長い路地スペースを切り分け、各住戸の専用レセプションコーナーとして活用。

各コーナーには専用のインターホン、郵便受け、宅配ボックス、駐輪コーナーなどが設けられている。

R　プラスルーム

既存の倉庫部分を、廊下を挟んだ大きな２部屋にまとめ、専用のプラスルーム（仕事場、ホビールーム、納戸など様々に利用出来るアネックス）として活用。

G　プラスガーデン

雑然とした共用庭を切り分け、各住戸の専用庭／専用のサブエントランスとして活用。

U　基本ユニット

生活機能を担う最小単位。

間仕切りを取り払い、壁側（北）にユーティリティをコンパクトにまとめ、窓側（南）になるべく大きくワンルームを残す。ワンルームはカーテンでフレキシブルに区分することが可能。

DATA

建物名称	C.U.I
所在地	東京都世田谷区
居住者構成	単身～家族世帯
敷地面積	860.10㎡
建築面積	121.80㎡（住宅部分）
延床面積	487.21㎡（住宅部分）
構造・階数	鉄筋コンクリート造・地上4階建て
設計	中佐昭夫＋田中知博／ナフ・アーキテクト＆デザイン
構造	草間徳朗／草間構造設計室
設備	渡辺忍、皿井寿幸／設備計画
施工	中都建設
竣工	2008年3月

電力施設と一体の建物として併設され、使われなくなっていた古い社宅を賃貸住宅として再生させるリノベーション。

建物は世田谷区池尻の変電所の敷地内にある。アプローチする北側の前面道路には電力施設部分が面し、住宅部分はその裏手にひっそりと位置するユニークな配置。

南面する住宅部分は階段室を挟んで両側に住戸を備える、典型的な階段室型の構成。

住宅部分の南側には共用庭が設けられていたため、都心にほど近い地域にもか

016

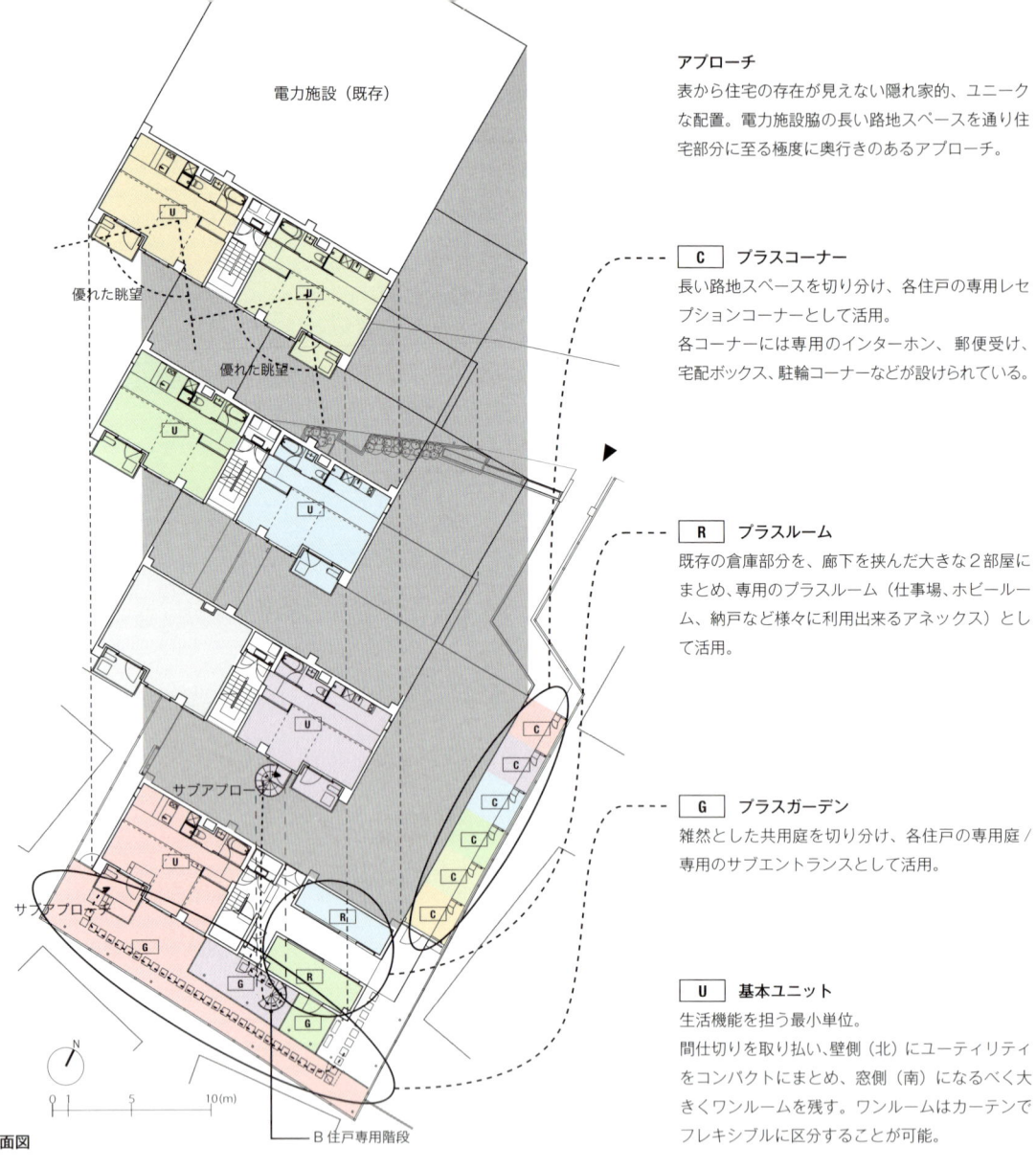

住戸 A	U ＋ C ＋ G	大きな庭とサブアプローチを持つタイプ
住戸 B	U ＋ C ＋ G	螺旋階段を通じたアプローチを持つタイプ
住戸 C	U ＋ C ＋ R	閉じた「アネックス」を持つタイプ
住戸 D	U ＋ C ＋ G ＋ R	閉じた「アネックス」と庭を持つタイプ
住戸 E	U ＋ C	採光と眺望に優れたタイプ
住戸 F	U ＋ C	採光と眺望に優れたタイプ

既存２～４階平面図

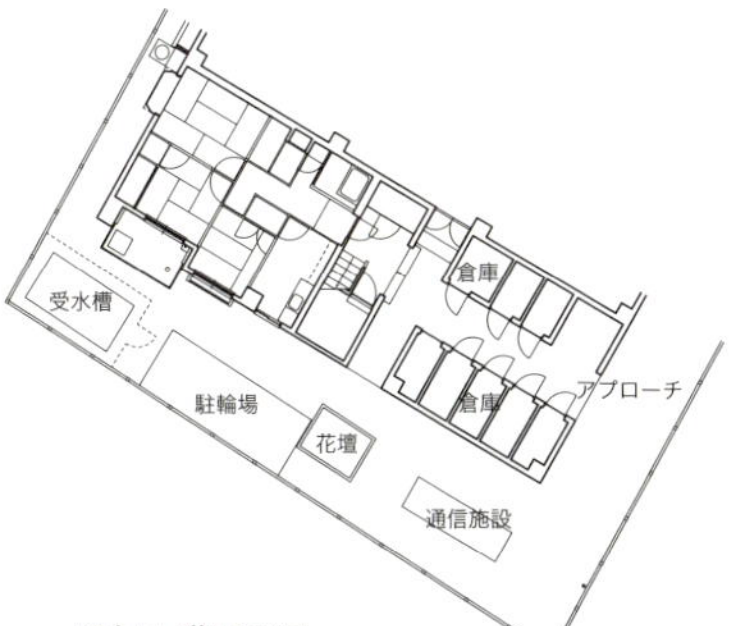

既存１階平面図

かわらず南側にゆとりがある。

放置されていた共用スペース（共用庭、倉庫、路地）をあえて専用スペースとして捉え直し、「プラスアルファ」として各住戸に再配分する。

従来の専用部分はもとより、曖昧に残された共用部分を見直し、再解釈・再活用することが本計画の特徴である。

新たに専用部として組み入れられた付加部分が各住戸にゆとりを与え、それぞれのキャラクターを産み、多様なライフスタイルへの柔軟な対応を可能にする。賃貸上も有効な付加価値を生み出している。

9
10
11 12 13

⑨既存ファサード。⑩現アプローチ部分は単なる通路にすぎなかった。⑪共用通路の改修前。⑫既存共用庭。機械設備や駐輪場などが雑然と並ぶ。⑬改修前は一般的な集合住宅の間取りと大差なかった。

写真　ナフ・アーキテクト＆デザイン

伊勢の静居

髙橋元氣+髙橋つばさ（元氣つばさ設計事務所）

018

02

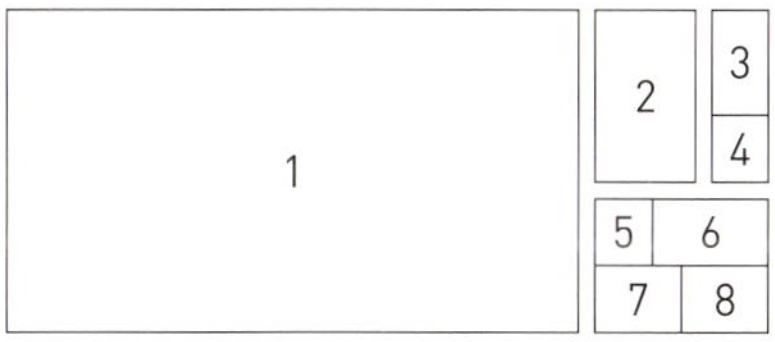

①右の白い外壁が改修棟。中央が増築棟。玄関をはさんで左が防音室。キャノピーは奥に向かって勾配が下がっている。②階段の踊り場から１階のリビングと２階のセカンドリビングを見る。③吹抜けの見上げ。④リビングの右手がキッチンとダイニング。⑤増築棟と防音室のすき間を玄関に。⑥玄関前には車４台を駐車できるスペースを確保。⑦板襖と障子で仕切られた和室。⑧楽器の練習スペースとなる防音室。

ISE, MIE
2009

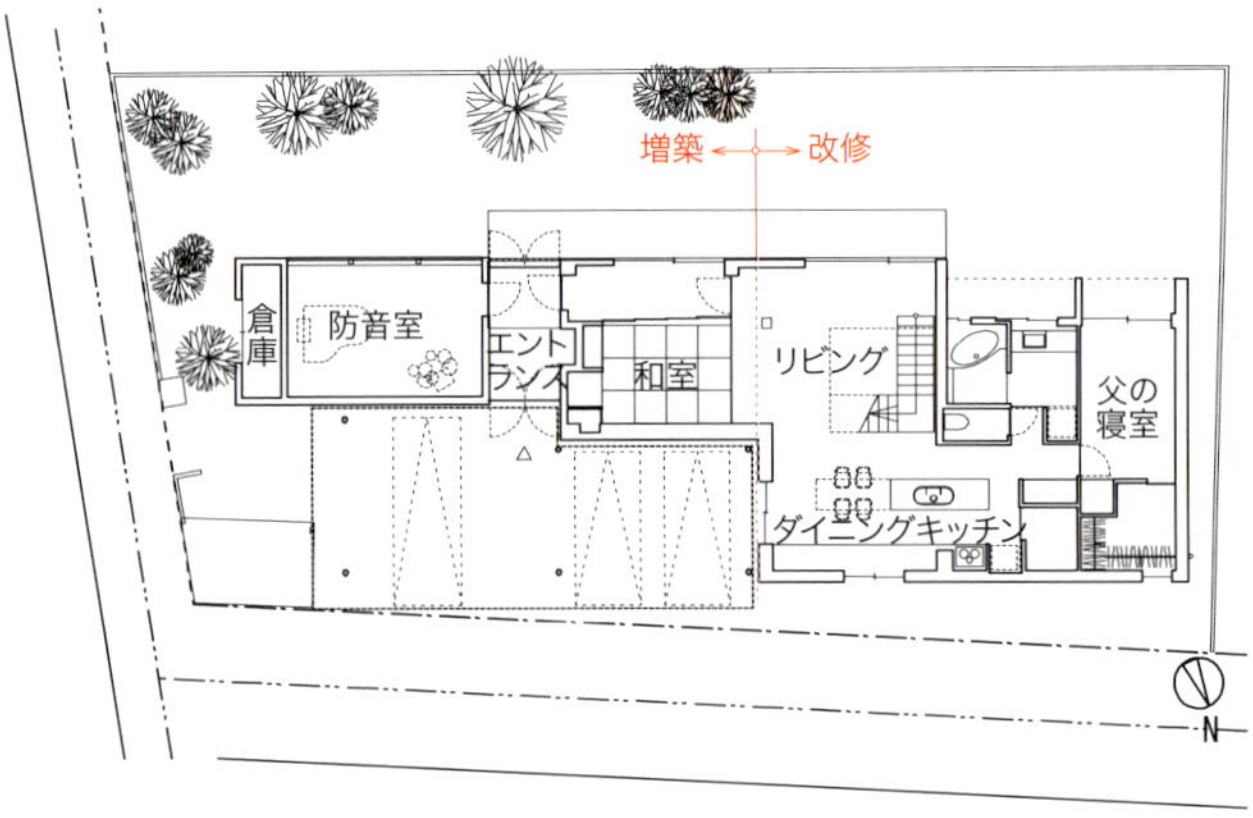

1階平面図

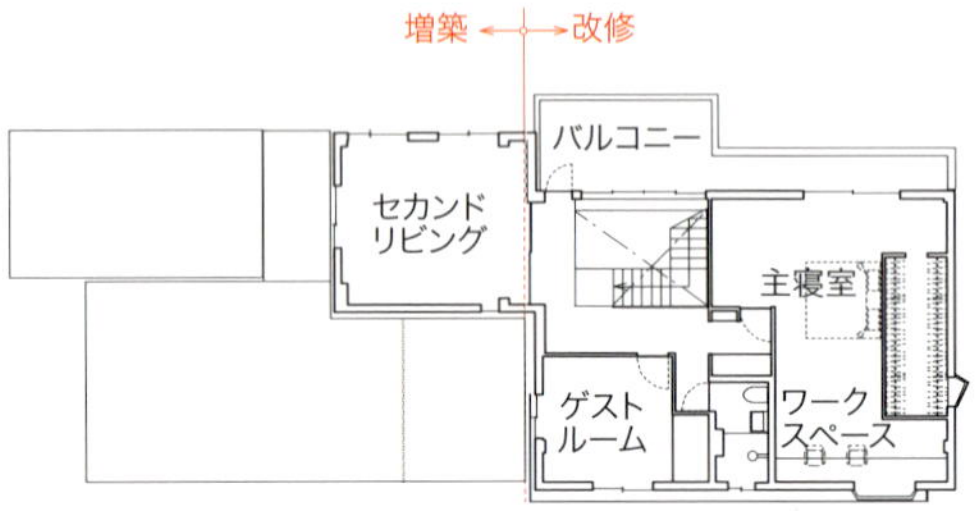

2階平面図

DATA

建物名称	伊勢の静居（CALMLY HOUSE）
所在地	三重県伊勢市
居住者構成	夫婦＋子ども＋父親
敷地面積	413.53㎡
建築面積	改修前215.60㎡
	改修後159.64㎡
延床面積	改修前293.10㎡
	改修後253.94㎡
構造・階数	鉄骨造2階建て・木造平屋
設計	髙橋元氣＋髙橋つばさ／
	元氣つばさ設計事務所
構造	TKアーキテクト
施工	なかむら建設
竣工	増改築前1987年2月
	増改築2009年5月

020

住みながらの「更新」、分棟による「更新」

新築でなく改修・増築とし、家の中に住み続けながらの改修にこだわった一軒の住宅プロジェクトが、開始から約2年かけ、完成した。

この住宅の特徴は、増築の結果、いくつもの分棟によって全体が構成されるという姿である。鉄骨棟と木造棟との間のスキマは、その象徴的な部分として新しい家の玄関となった。

アプローチ空間の大屋根は、同時に、

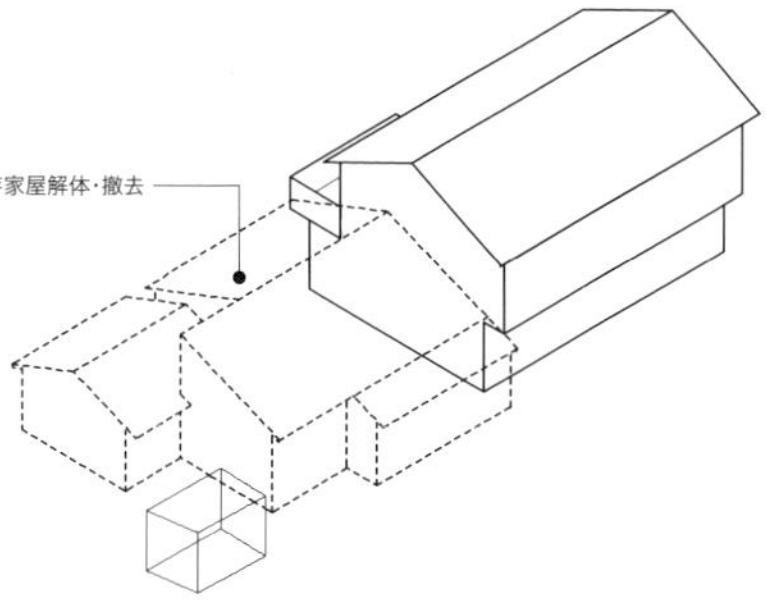

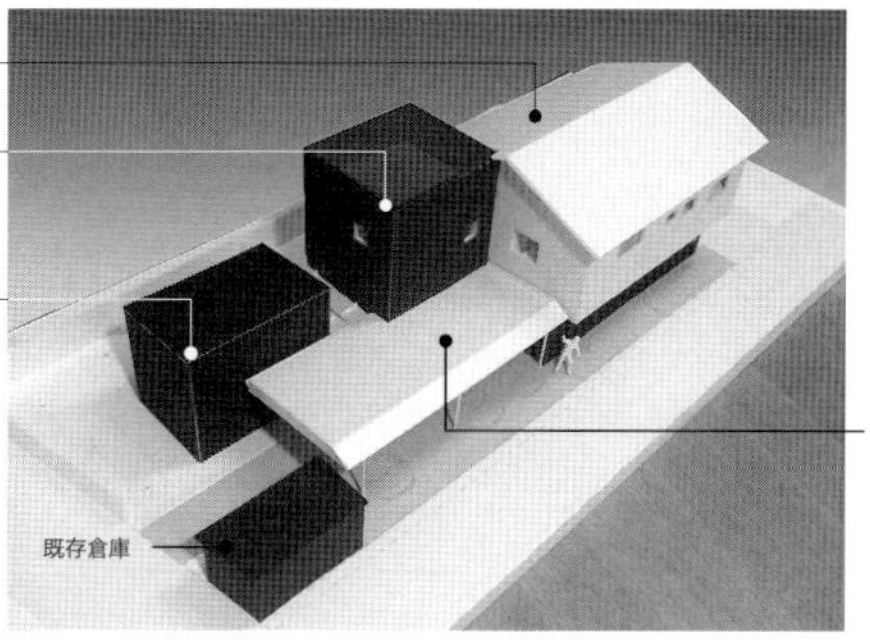

改修の手順

① まず既存の鉄骨部分の内装を解体するに当たり、旧屋の木造部分に移り住む。
内装をばらして鉄骨構造を露わにし、耐震診断を行うと同時に、２階の床を一部抜き、階段の位置を変えて、吹き抜けのある新たな空間の骨格を再形成。
その吹き抜けを中心に、LDK が広がるような、水廻りも含めた大規模な改修を行う。

② 続いて、完成した内装改修部に移り住み、古い木造の母屋は解体。

③ 解体後、生まれた更地の一部を使い、鉄骨棟に対して部分的な増築をすることで、新たな家の顔となる玄関をつくる。

④ 続いて、当初より離れとして要求されていた音楽練習のための防音室は、分棟として現在の位置に建替え。

⑤ カーポートの屋根も単独の構造で立ち上げられ、増築。

改修前

既存の倉庫を含めた新旧の住宅の各棟を繋ぎ合わせ、街が生成する如く街並のような家のシルエットをまとめることに寄与している。

新たに増築した部分の外壁は黒く、古い既存部分の外壁は白く塗り込める、という単純なルールで外観を記号化した結果、昔から残る部分は白い家形のアイコンとして、黒いボリュームの上で宙に浮いたような不思議な対比を見せる。

今後また新たな改修や増築が生じた際にも、穏やかな全体性でその変化を受け止める事が可能となる。分棟群とそれを繋ぐ屋根との関係で建築の形を捉えることは、ある意味この建築の持つ更なる「更新」を暗示させる表現となった。

部分が全体のシルエットを構成する。その結果、各時代の面影をうっすらと残す、これまでの家の一部がいくつも寄り添うような家の形となった。

写真　坂下智広（p.18 右上、既存建物、模型を除く）

COMPACT LUXURY

川上堅次（エトラ）

左上／キッチン、洗面コーナー、トイレ、バスルームなど水まわり空間はモザイクタイルで。右上／玄関からボディルームを見る。左下／リビングダイニングの一角が寝室。

022

08

023

ADACHI-KU, TOKYO
2010

左／洗面とバスルーム、廊下は床の段差で領域を分けている。右上／置き型の洗面ボウル。右下／バスルームと洗面台の間仕切りはガラス壁とブラインド。

独身の男性が賃貸から持ち家を探すということから始まりました。終のすまいという事では無く、結婚や仕事の環境が変わるまでの生活の場を、自分のライフスタイルを楽しむ為の場所という、現在の東京ではある意味多いニーズです。長期的なローンを組むのではなく、無理のない収支計画に基づくこの計画では物件価格を抑え、内装に掛ける費用も限られていました。ただ、コンパクトな中にもこだわりが溢れ、コストコントロールを行うことで余裕のあるくつろげる空間をつくりだしました。

DATA

建物名称	COMPACT LUXURY
所在地	東京都足立区
居住者構成	男性単身
延床面積	32.35㎡
構造・階数	鉄筋コンクリート造12階建てのうち8階
設計	川上堅次／エトラ
施工	ジークエスト
竣工	2010年3月

024

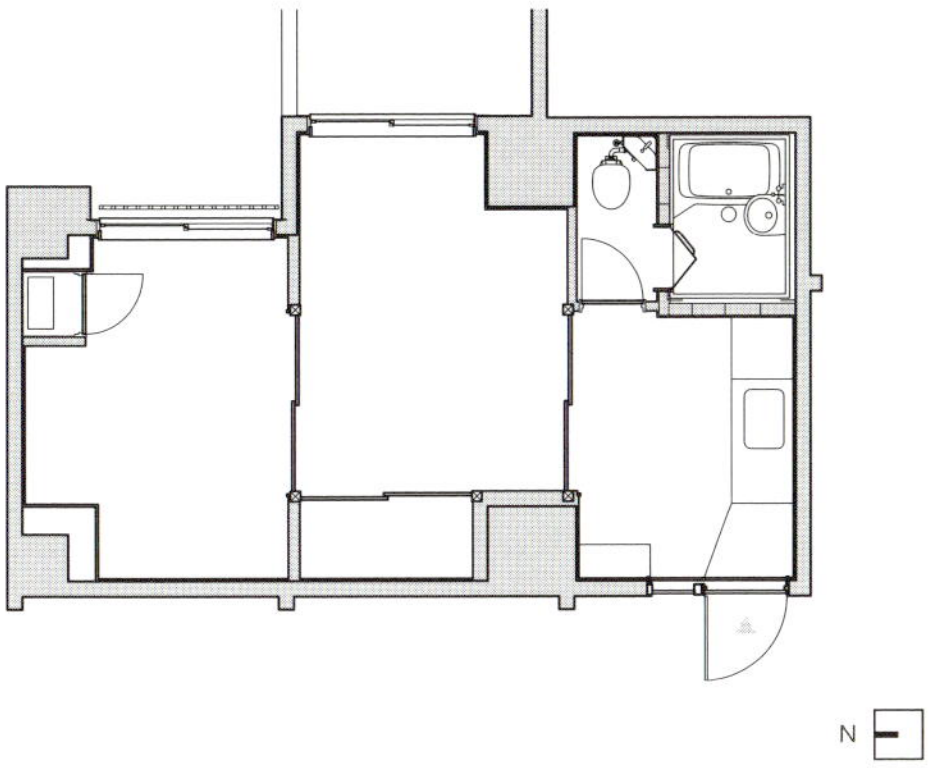

改修前　平面図

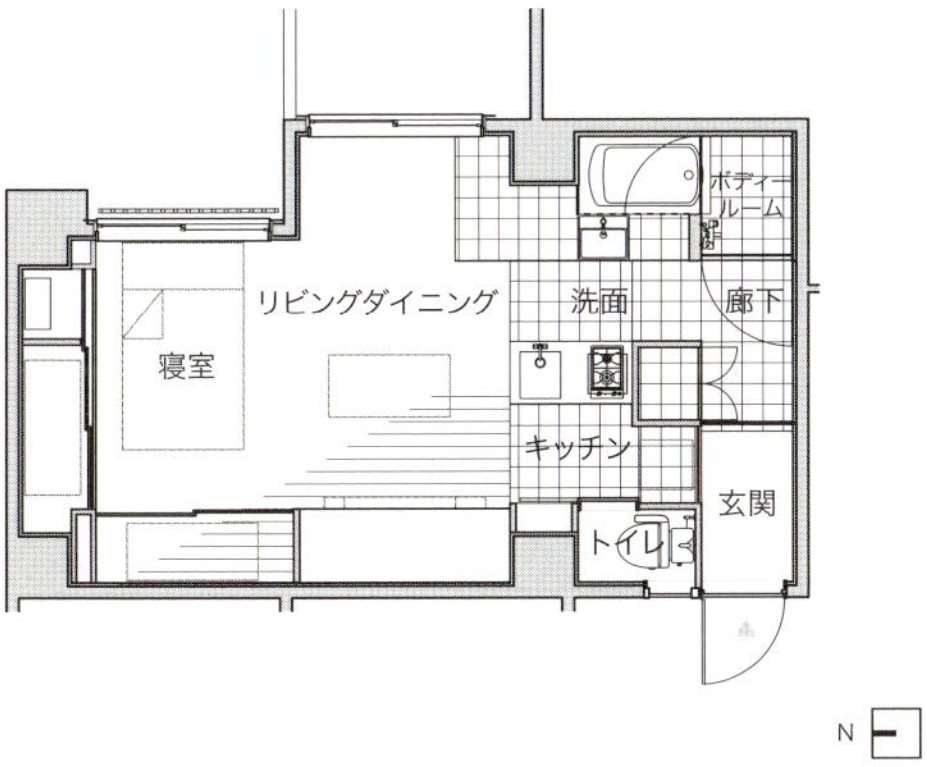

改修後　平面図

上／リビングダイニングと水まわりの床は素材で切り換え。
下／収納の上は照明やオーディオのための設置スペース。

機能を重ねること

小面積のユニットですが、玄関からリビングまでの廊下をボディールームと兼ね機能を集約する事により、ゆったりとしたＬＤＫをつくりだしています。また、バスルームはシャワー部分のみ周囲を覆い、バスタブ部分はブラインドで洗面台と仕切るのみとしコンパクトながら開放的な場としています。

収納

ＬＤＫと一体となった寝室部分の周囲はすべて収納としています。しっかりとした収納計画をすることにより、部屋に出てくるものを最小限に抑えることができ、より広々とゆったりとした生活ができるようにしています。また、この収納は天井まで造らず上部を解放し、照明を設置したり、オーディオの設置スペースとすることにより、部屋により広がりをつくりだしています。

025

写真　尾崎誠

本棚の家

川上堅次（エトラ）

左／リビングダイニングと洗面室や浴室、トイレを仕切る壁はすべて本棚。部分的にガラス壁としているので向こう側が見通せる。右／カウンターはキッチンからワークスペースまで曲折しつつ続いている。

026

10

027

URAYASU, CHIBA
2005

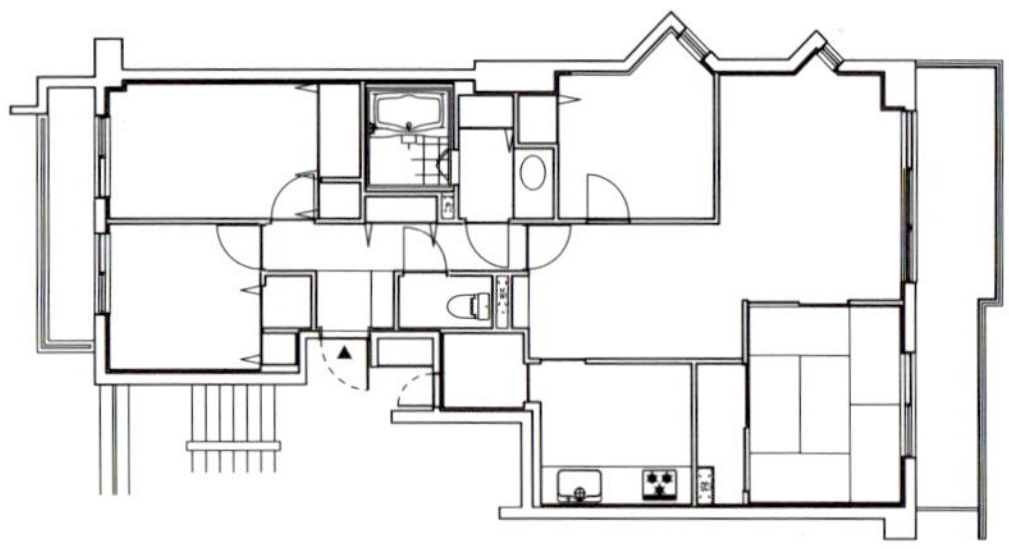

改修前　平面図

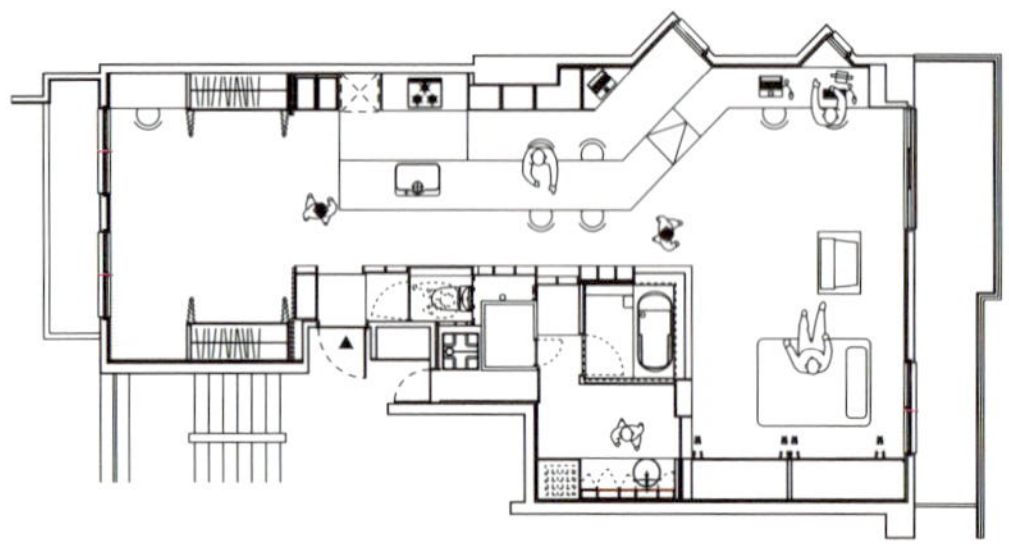

改修後　平面図

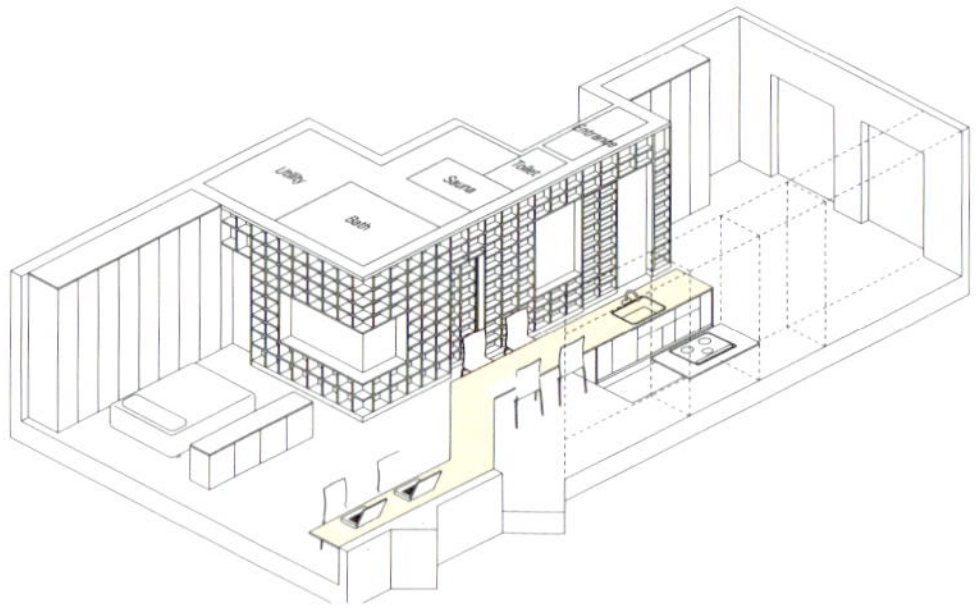

アイソメ図

共働きの夫婦と子供の為のリフォーム

家で仕事をすることも多いこの夫婦にとって家は単なるくつろぎの場だけでなく、仕事も快適に出来る機能も必要でした。

通常の住宅には無い機能を必要とされたこのリフォームにおいては、各要素のために部屋を用意するのではなく必要な機能を持った場を大きな空間の中に作りました。

キッチンからワークスペースまで続く

DATA

建物名称	本棚の家
所在地	千葉県浦安市
居住者構成	夫婦＋子ども２人
延床面積	88.75㎡
構造・階数	鉄骨鉄筋コンクリート造11階建てのうち2階
設計	川上堅次／エトラ
施工	ジークエスト
竣工	2005年6月

028

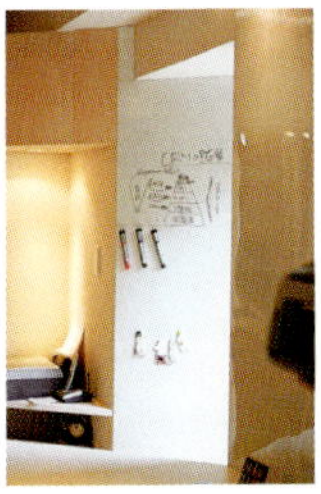

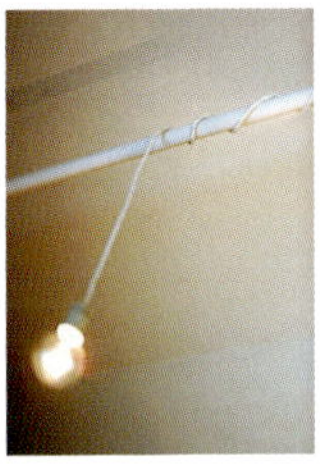

10ｍのテーブルは、仕事と生活・親子・夫婦・様々なことが行われる場を賑やかに繋ぎ、用途ごとに照明の種類を分けて状況によって場の雰囲気を変えることが出来るようにしています。

部屋のどこからでもアクセス可能な壁面いっぱいの本棚は、その機能だけでなく浴室・洗面・トイレなど水回りなど生活に必要な機能を内包し、他の壁面収納と合わせ空間をより大きく快適に使えるように計画しています。

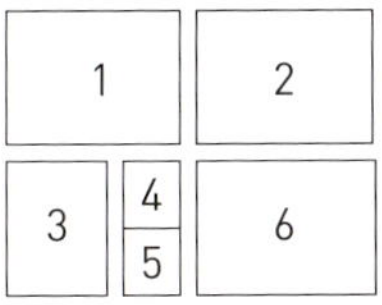

①リビング・寝室からワークスペースを見る。
②ダイニングのエリア。
③カウンターの一部がダイニングテーブルに。
④出窓とワークスペースの壁はホワイトボード仕様。
⑤照明で各室の雰囲気を変えている。
⑥洗面室はリビング・寝室から行き来する。

写真　木田勝久（p.26～27、p.29 上 2 点）

YA-CHI-YO ～価値の再編集～

山下保博（アトリエ・天工人）

左上／古材と新材が渾然一体となった内部空間。右上／パネル材ですっかり覆われた建物東側外観。左下／大きな引き込みの開口をとることで内部と外部を一体化している。

030

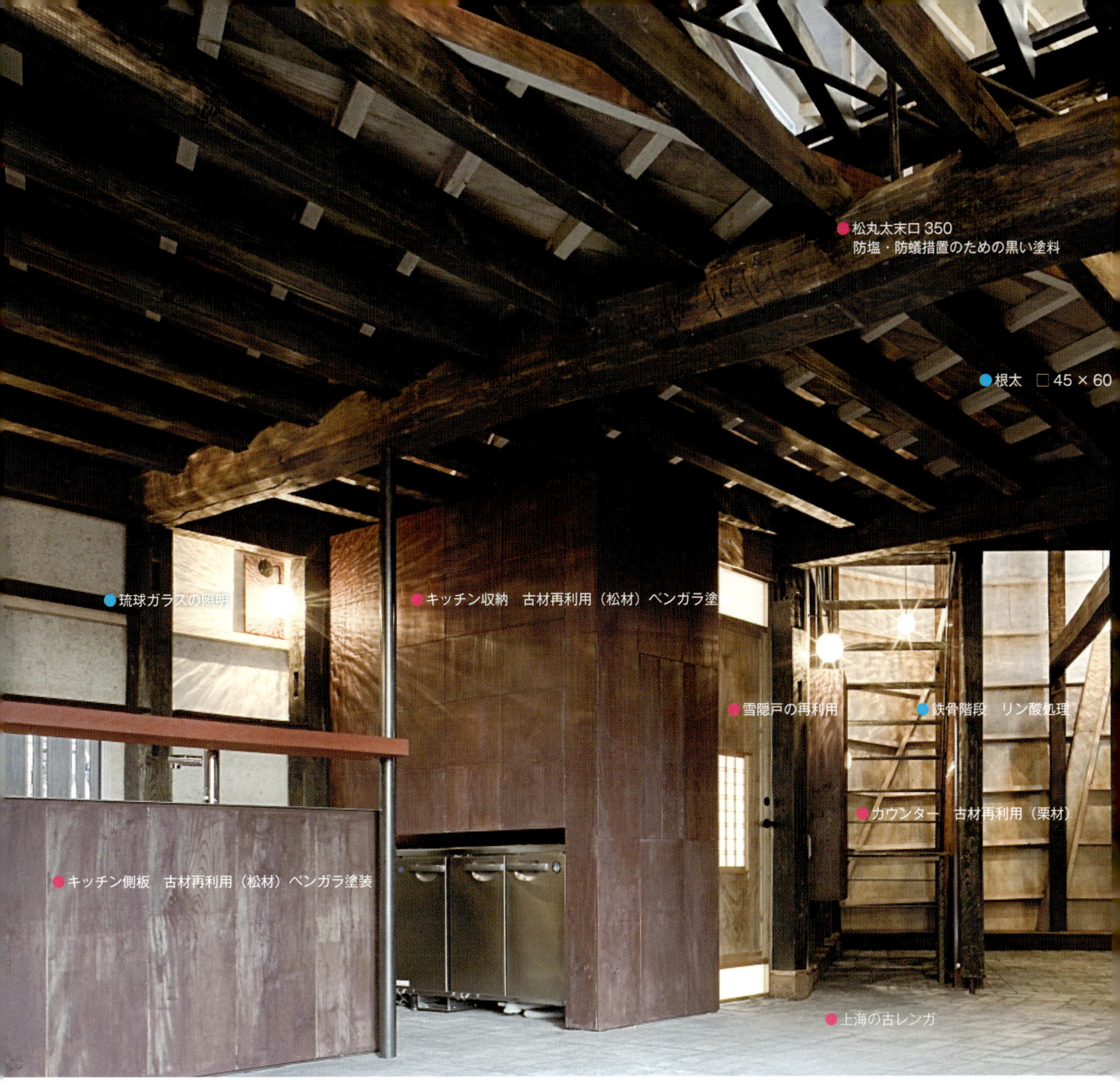

古材 新材

19

MIURA, KANAGAWA
2009

平面図

島根県で空き家化していた5坪（築100年）と8坪（築120年）の蔵の軸組みを角度をずらして配置した。
柱・梁には、海近くという敷地を考慮し、防蟻と防塩のためのタール系の塗料を施し、
2階の床組は既存の梁とは異なる角度で新たな床として差込み、対比させている。

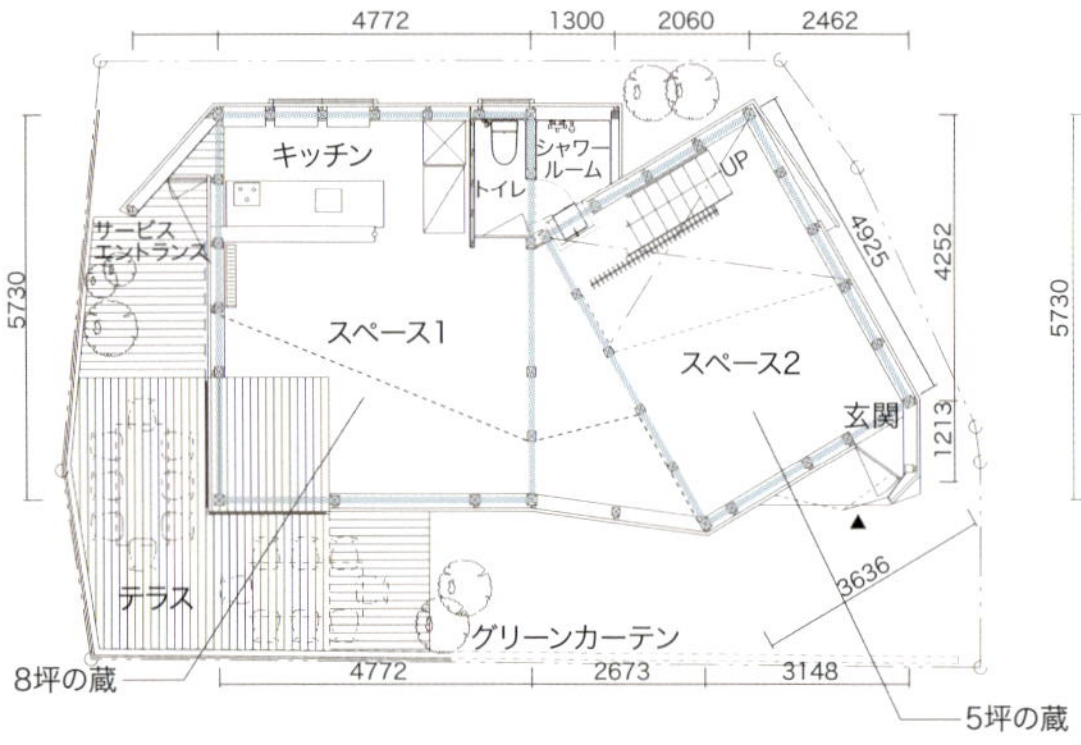

1階平面図

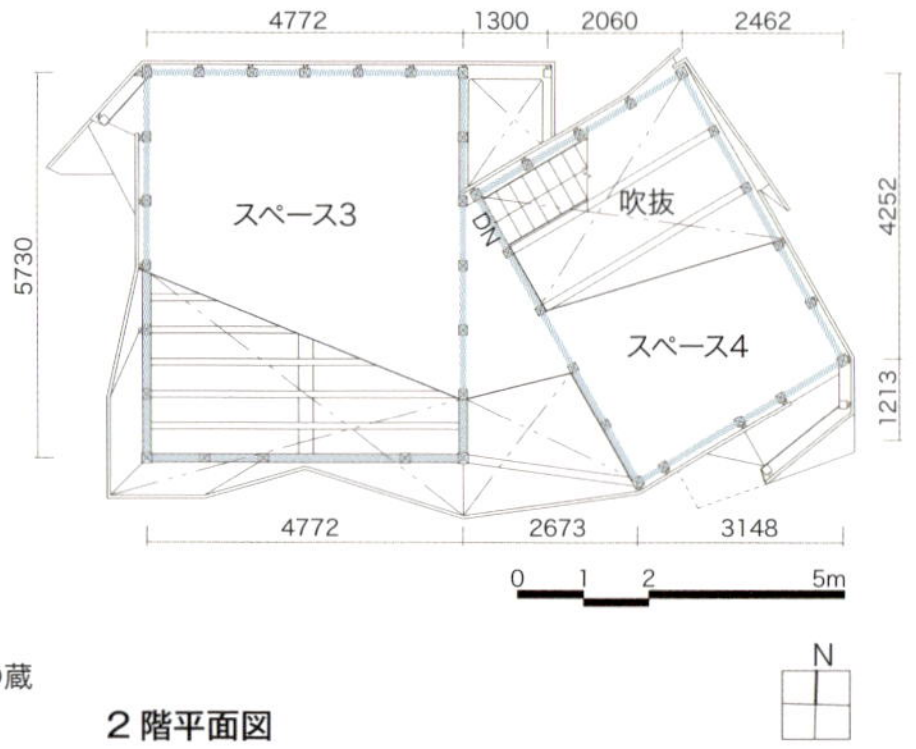

2階平面図

外皮ダイアグラム

壁倍率が不要な部分のパネルを膨らませ、通風、採光を確保した。
パネルの隙間から差込む光は、対比された素材を並列に照らしている。

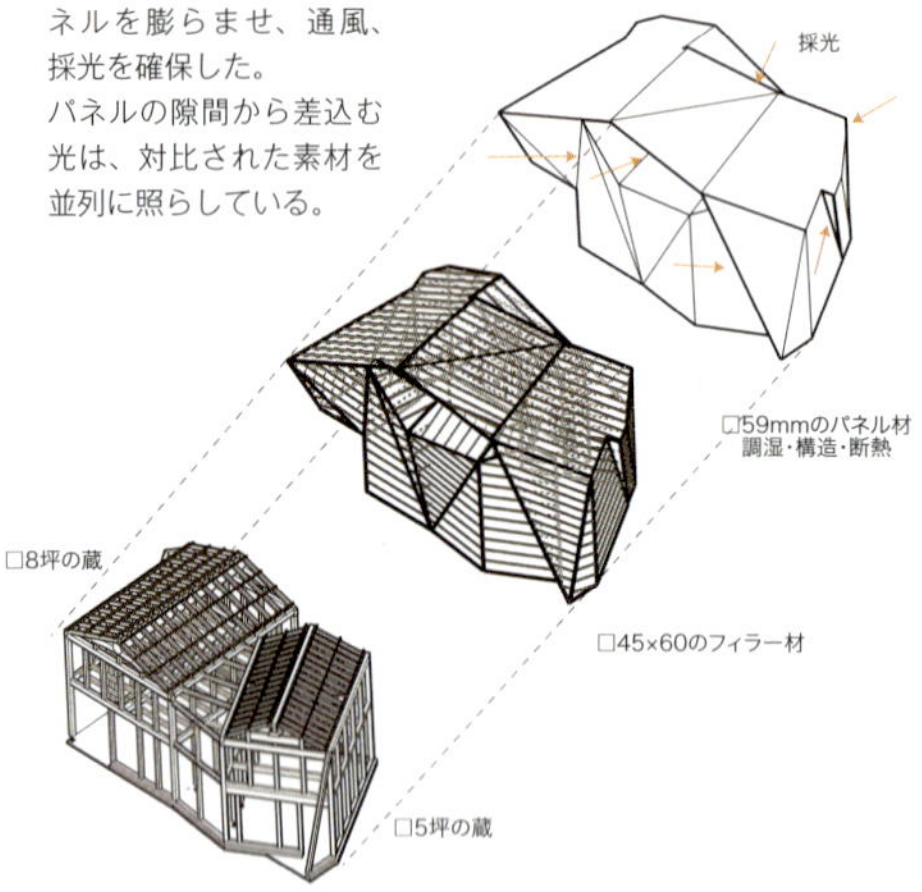

二酸化炭素排出量の削減

リ・ロケーションした蔵2棟分の木材に固定されていた炭素量は4.7tあり、
解体・焼却されていればCO_2に換算した場合17tが空気中に排出される。
トラックで輸送する際に排出されたCO_2はわずか1.46tと試算された。

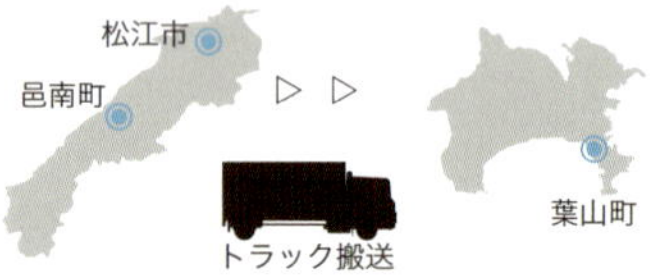

CO_2排出量算定
＝搬送距離×CO_2係数×搬送重量
＝650km×150(g/t/km)×15(t)
≒**1.46**(t)

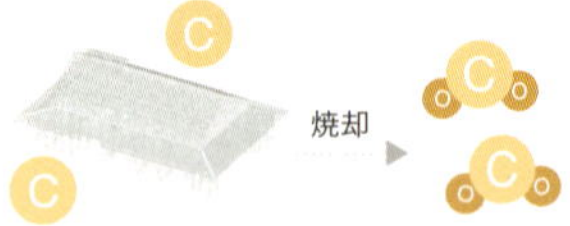

換算二酸化炭素固定量
＝木材乾燥重量×0.5×3.67
＝11.15（邑南町U邸）＋6.09（松江市K邸）
≒**17.24**(t)

リ・ロケーションプロジェクト

地方では捨てられていく古民家が100万棟も残っていると言われているが、都市部では古材の価値・需要は高まっている。
そのギャップを、リ・ロケーションプロジェクトにより変えようとしている。同時に、100年の時間を経た素材をプラス100年長持ちさせ、既存の価値を再編集し、新しい価値を生み出す事がこのプロジェクトの主旨である。

DATA

建物名称	YA-CHI-YO　～価値の再編集～
所在地	神奈川県三浦郡
居住者構成	夫婦（別荘として使用）
敷地面積	115.91㎡
建築面積	65.64㎡
延床面積	89.39㎡
構造・階数	木造2階建て
設計	山下保博／アトリエ・天工人
施工	佐藤富士雄／丸富工務店
竣工	2009年11月（築100年、築120年の蔵を移築）

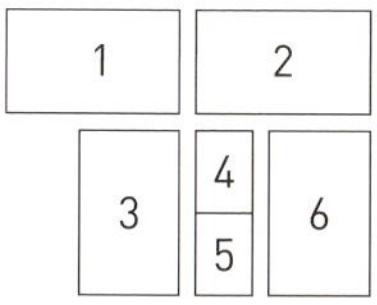

①２階の床は既存蔵の羽目板を柿渋塗りで仕上げた。
②１階の床は上海で使用されていた古レンガ。
③吹き抜けの壁に取り付けられた琉球ガラスの照明。
④スチールでつくられた階段。
⑤トイレと浴室。
⑥階段下の古材カウンター。

この住宅は神奈川県三浦郡葉山町の海近くに立つ別荘兼ギャラリー。

島根県で使用されていなかった築１００年と１２０年の小さな蔵２棟をリ・ロケーションし構造補強と調湿効果、断熱機能を兼ねるパネルで包み込んだ。

古い材料と新しい材料や、文化・地域の異なる素材を並列に並べ、太陽の光や手作りの琉球ガラスの照明による光によって照らしている。

パネルダイアグラム

柱に45×60のフィラー材を抱かせそこに強化高圧木毛セメント板と断熱材、木毛板からなるパネルを貼り、構造の壁倍率、調湿、断熱の機能を確保している。
パネルの総厚は空間の広がりを確保するために59ミリに抑えた。

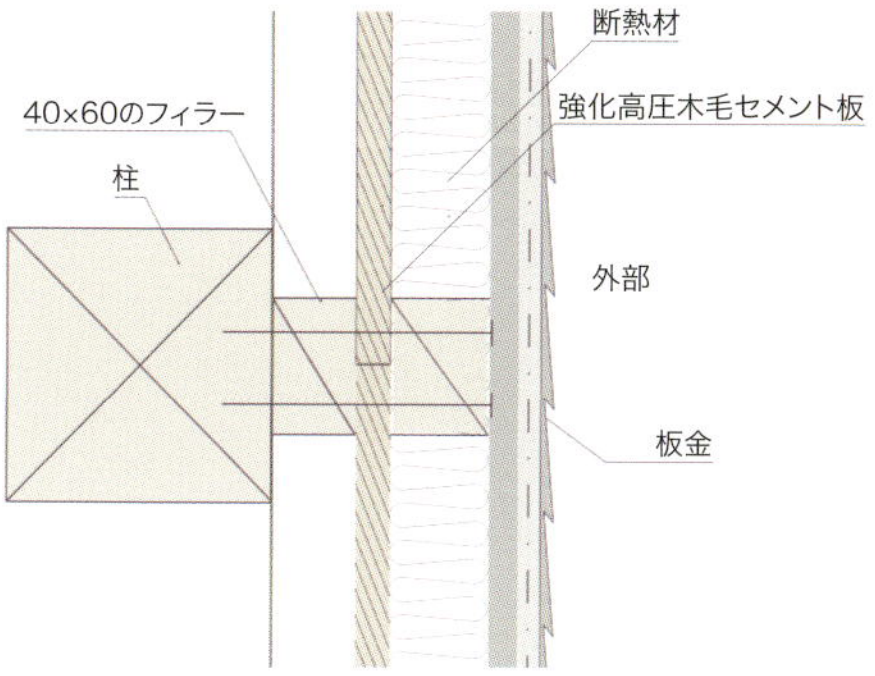

繋がる家

鈴木秀雄（バサロ計画）

上左／ 1 階の寝室。奥がファミリーリビング。上右／ 2 階のダイニングとキッチン。下左／ 2 階床の開口部。FRP のグレーチングで覆われている。下右／ 2 階のリビング。

034

23

KATSUSHIKA-KU, TOKYO
2009

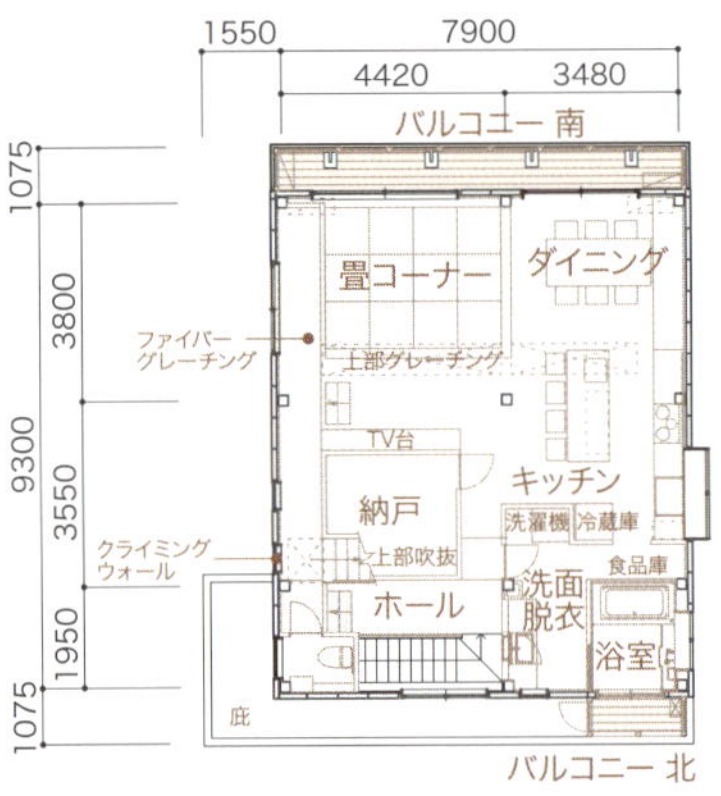

2階平面図

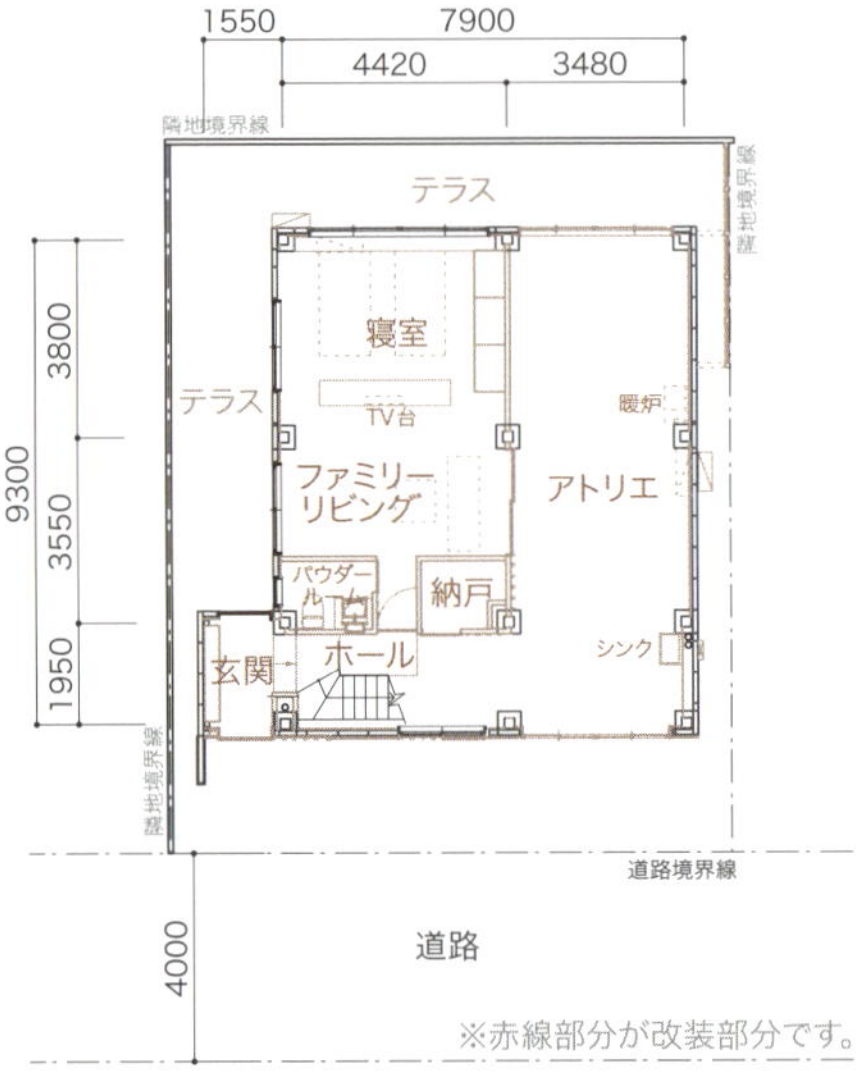

1階平面図

柴又の帝釈天近くの住宅です。鉄骨造3階建ての工場兼住宅をリフォームしました。

家族構成は、夫婦と元気な男の子3人です。要望は、明るい家、暖かい家、子供の遊べる家です。又、ご主人のアトリエの設置を希望されました。

密集して建てこんでいる環境で多くの陽の光を得るのは困難です。そこで何箇所かの床を開けることにしました。そこはファイバーグレーチングで覆い、光を通し、床としても機能するようになっています。さらに、上下で空間が分割され

DATA

建物名称	繋がる家（Yk邸）
所在地	東京都葛飾区
居住者構成	夫婦＋子ども3人
敷地面積	141.44㎡
建築面積	83.12㎡
延床面積	198.05㎡
構造・階数	鉄骨造3階建て
設計	鈴木秀雄／バサロ計画
施工	エイテック
竣工	2009年9月

036

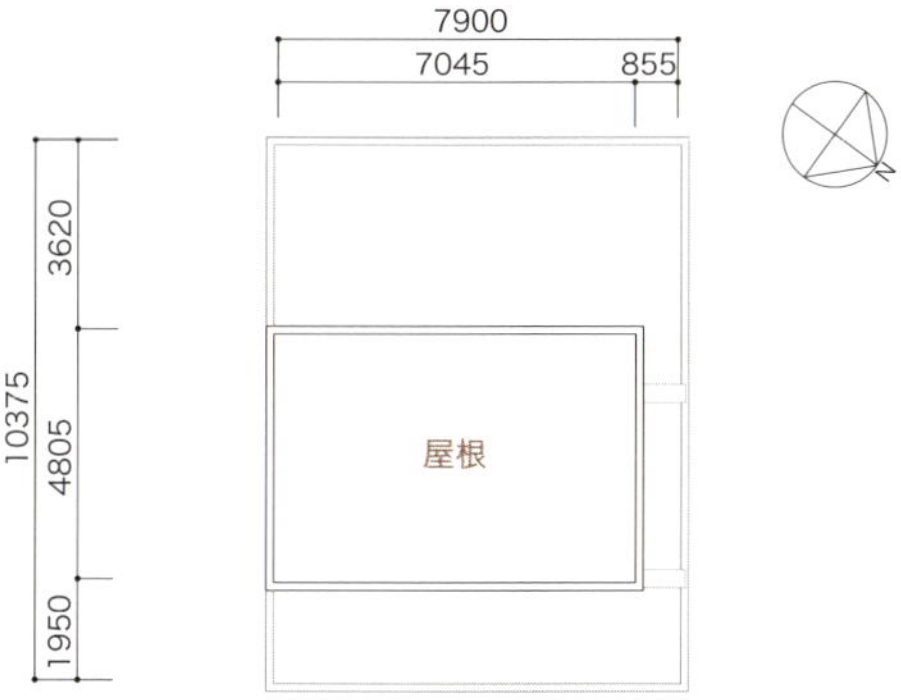

屋上階平面図

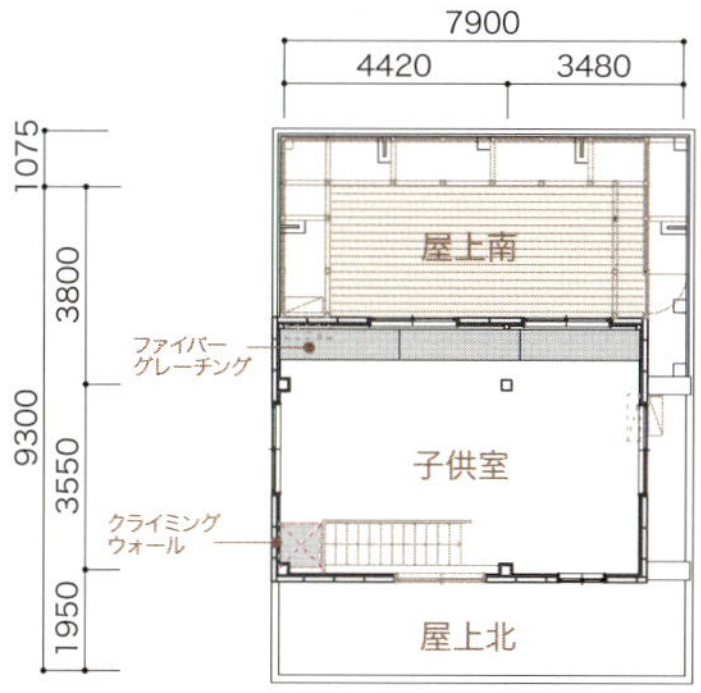

3階平面図

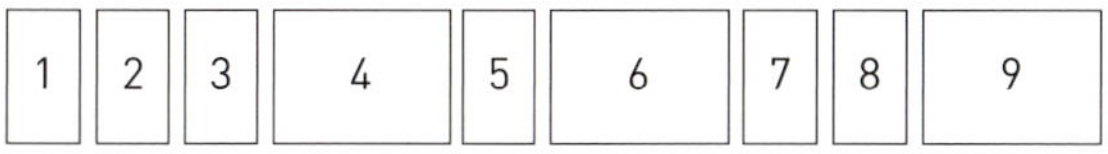

①1階から2階への階段。
②1階のパウダールーム。
③1階パウダールーム上の開口。
④1階パウダールーム上部を通して寝室を見る。
⑤2階床開口部。
⑥2階納戸上部と天井とのすき間空間。
⑦2階納戸。
⑧2階から3階への階段。
⑨3階の子ども室。

がちな住宅で上階や下階の様子を伝える装置でもあります。

　また、機能に問題ない壁は天井まで立ち上げず天井との間に空間をつくり先を見通せるようにしました。これによって水平方向に遮られてしまう光を導くようにしています。そして、こんな隙間の空間が子供達は大好きです。早速、子供たちの遊び場になっています。

写真　鈴木秀雄

新金岡団地の改修

髙橋功治（髙橋功治アトリエ）

玄関から整頓箱で構成された室内を見る。上左／整頓箱の高さから。
上右／目の高さから。下／住戸棟が立ち並ぶ新金岡団地。

038

43

039

SAKAI, OSAKA
2010

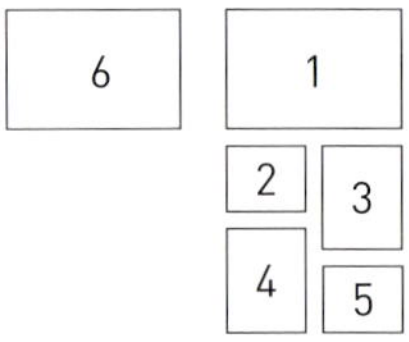

①リビングとキッチン。キッチンも整頓箱に納めている。
②洗面コーナーの前から見る寝室。
③キッチン隣の居室。小窓の奥が玄関ホール。
④大小の整頓箱が林立する。
⑤整頓箱は高さにも種類がある。
⑥既存の仕上げを撤去したところ。

さまざまな高さを持つ整頓箱がつくり出す稜線

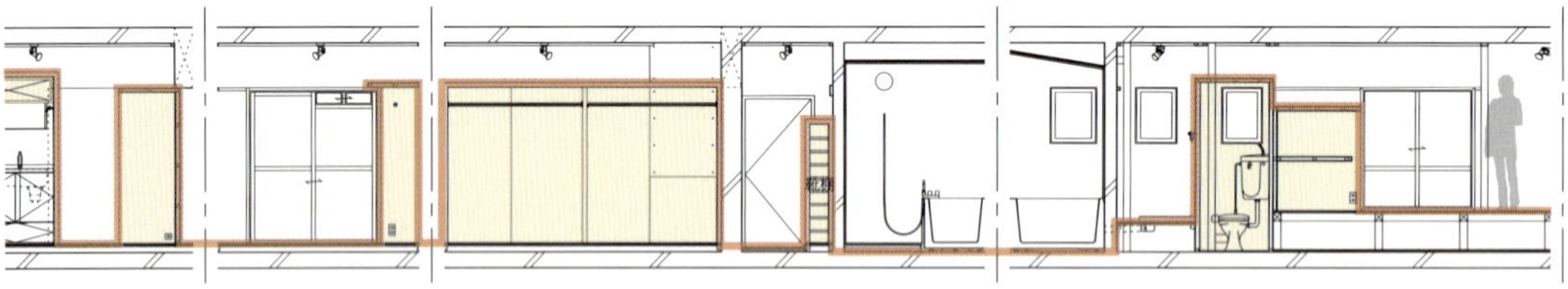

展開図

大阪府堺市にある築42年新金岡団地一室の改修です。ほぼ廃墟と化したインフィルを全面撤去し、新婚夫妻のための新たな住まいを計画しました。施主は大量の荷物を持ち込む予定でしたが床面積は42平米程度しかなく、将来子供が加わることを考えると十分な広さとは言えません。さらに施主は広い部屋に暮らすことを望んでいました。狭い部屋で大量の荷物と共に広く住まうこと、それが本計画の目標となりました。

従来スケルトン／インフィルと言う時に曖昧にされてきた『物・荷物』の

DATA

建物名称	新金岡団地の改修
所在地	大阪府堺市
居住者構成	夫婦
延床面積	増改築前42㎡
	増改築後42㎡
構造・階数	鉄筋コンクリート造5階建てのうち3階
設計	髙橋功治／髙橋功治アトリエ
施工	福杉建設
竣工	2010年3月

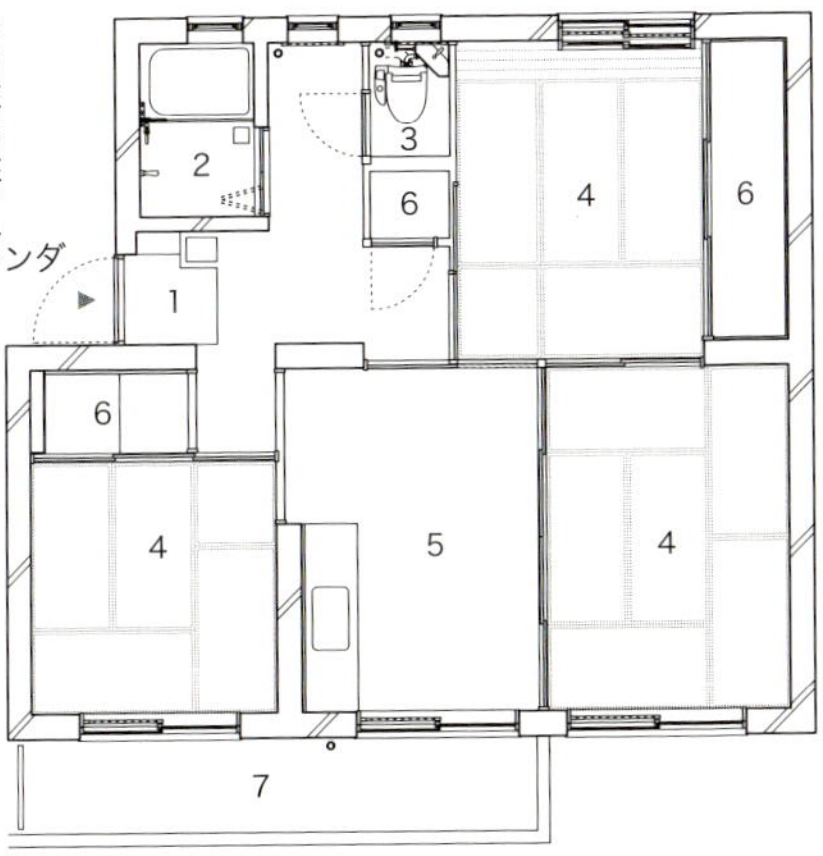

改修前　平面図

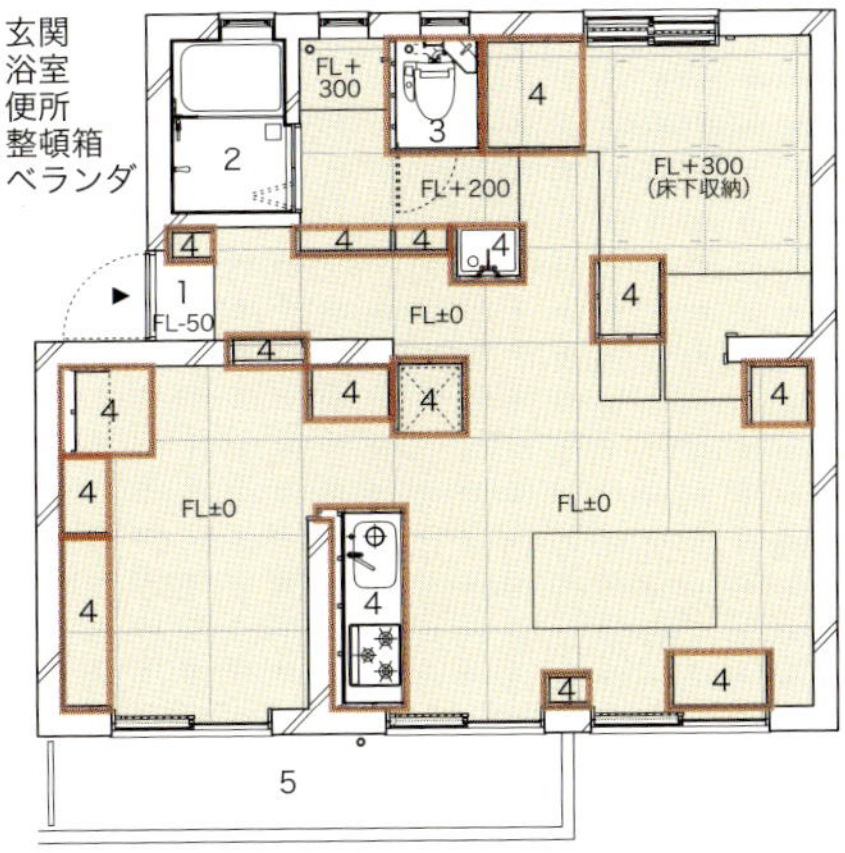

改修後　平面図

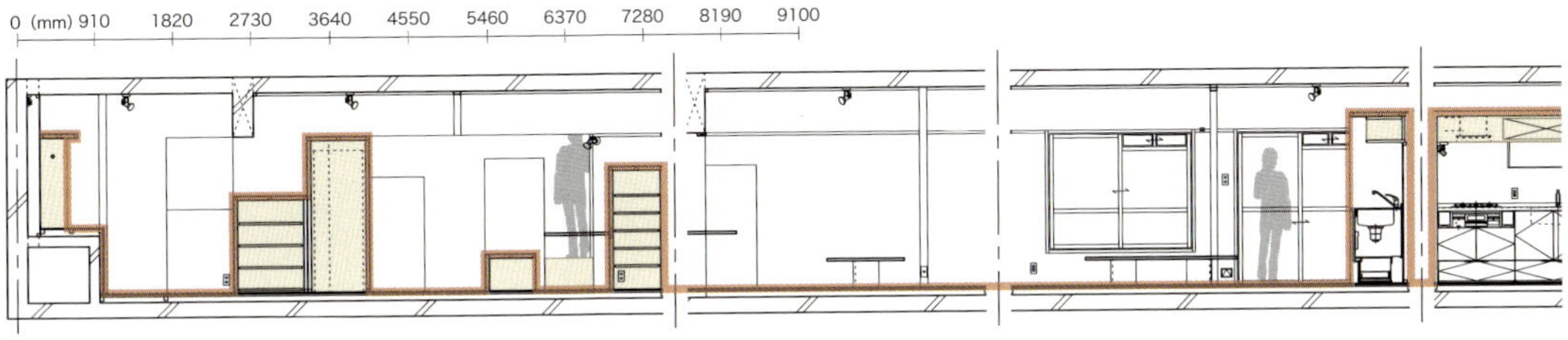

扱い方に改めて注目しました。設計段階に発生する残余空間に物・荷物を事後的に押し込むという手法はとらず、室内全体を「整理整頓された大きな納戸」と捉え、物・荷物を整理整頓するための仕掛け『整頓箱』を多数分散配置しています。無数の整頓箱は各々高さ・幅・容量が異なり、ワンルーム空間を穏やかに分節しながら大量の物・荷物をそのそばに引き寄せます。便器・洗面器・電子ピアノ・キッチンカウンター等もその内部に飲み込み、上部は陳列スペースとしても活用できます。

こうして整理整頓された大きな納戸が完成しました。物が溢れて困るなら収納場所を探さずとも納戸に住めばよいのです。整理整頓さえすれば広い部屋は獲得できる。そう考えました。

写真　多田ユウコ

借家生活１，２，３，４…

駒井貞治（駒井貞治の事務所）

借家生活４

「借家４」は、郊外の狭小変形敷地に、恵まれた自然環境を活かし、最小限の構造体で空間を確保したギャラリーとして新築した。ここに ギャラリーのひとつの企画展として、「借家生活」という未完成の作品が増築部材とともに搬入・設営され、自然環境と家族がより良い関係を保ちながら変化し完成に近づけていく。しかしまた形を変えた家族は、次の表現の場所を求めて搬出していくことになる。

042

44

043

SAKYO-KU, KYOTO
2011 CONTINUE

借家生活 3

「借家3」では、かつては表具屋の倉庫であった、ロフトも含め3層に渡る空間に、住居、事務所、作業場、ギャラリーが混在したような増築部材によるフレームキットを挿入した。今 興味のある、自分や家族を刺激する モノや人を探し、呼び寄せるように企画展示をしていくギャラリーというものや、いろいろな人が出入りし利用するような作業場、4人の子供に翻弄される日常生活の場などが、空間的にも入り交じり、互いに影響を与えるような生活が展開されている。

（写真　高原秀）下／引っ越し時には家財道具をすべて玄関に搬出。

借家生活４(京都市左京区松ヶ崎)
用途：ギャラリーに生活展示
現在工事中
増築部分床面積：16㎡
家族構成：夫婦＋子供４人＋犬

大阪生まれの僕が、京都に下宿し25年がたった。大学生だった僕も就職し、結婚子供が生まれ、独立、と家族構成や生活環境が変化し、それに合わせるように借家の引越を繰り返してきた。

借家は、そこでの生活に合わせて増改築などをした場合、退去する時は借りる前の状態に戻してから大家に返すことが、条件になってしまっている。しかし、できるだけ既存部分に手を加えずに増改築し、またその構成部材の単位を家財道具のように小さくすることで、引越の際には共に移動させ、そこでの条件に合わ

DATA

建物名称	借家生活 1,2,3,4…
所在地	京都市
居住者構成	家族４人
敷地面積（借家4）	149.39㎡
建築面積（借家4）	63.75㎡
延床面積（借家4）	増改築前63.75㎡ 増改築後81.97㎡
構造・階数	木造平屋
設計者	駒井貞治／駒井貞治の事務所
施工	熊倉建匠（構造部分）
竣工	2011年3月 その後増改築中

借家生活１（京都市左京区高野）
建築用途：住宅（プロジェクト）
増築計画部分建築面積：20㎡
増築計画部分床面積：8㎡
家族構成：単身者→夫婦＋子供１人

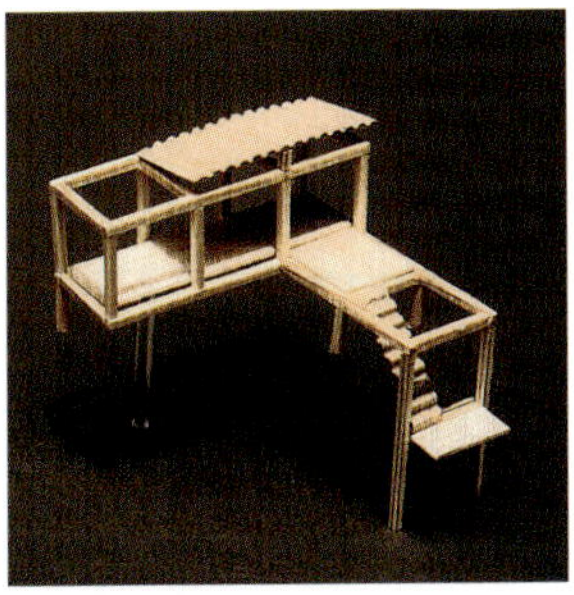

借家生活２（京都市左京区若王子）
建築用途：住宅＋設計事務所
工事期間：1998年５月～
増築部分床面積：8㎡
家族構成：夫婦＋子供２人→３人

借家生活３（京都市中京区）
用途：住宅＋事務所＋ギャラリー
工事期間：2002年４月～
増築部分床面積：8㎡
家族構成：夫婦＋子供４人

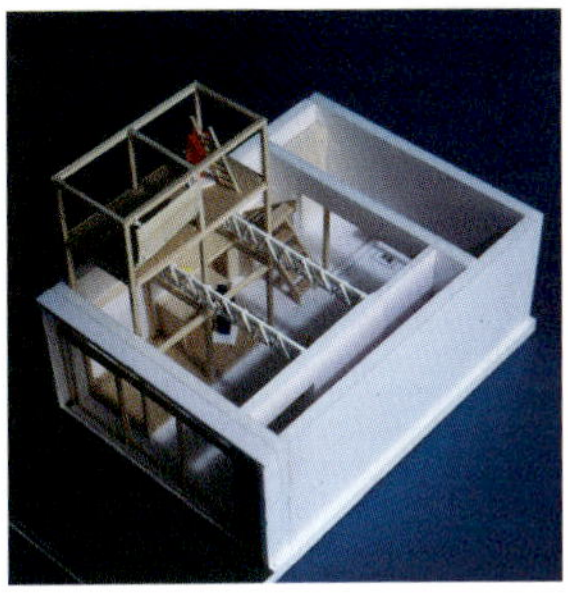

借家生活２
「借家2」は、周辺の環境にも恵まれ、建物は古いながらも質の良い借家であったが、風呂がなく、2階建てのため上下階に居室が分かれているので、大人数が集まるときにはスペースが足りないと感じた。そこで、バーベキュウをしたり、子供の遊具を持ち込み、１階の居間と内外一体として使うことができるデッキを庭に設けた。また工務店の倉庫にあまっていたユニットバスの浴槽と床を譲り受け、露天風呂として再生した。

せて活用すれば、毎回その家を積極的に住みこなす事ができると考えた。

FUNABORI

駒田剛司＋駒田由香（駒田建築設計事務所）

右上／子ども部屋とダイニングを縦に結ぶ梯子。右下／キッチンを見る。既存の構造壁とキッチンカウンターが即物的にぶつかり合う。

左／１階廊下からの見上げ。２階廊下のガラスの床から光が落ちる。左ページ／リビングからダイニングと廊下を見る。壁は既存壁紙に、床は既存フローリングに塗装。壁と取り合っていたモールディングを残して天井を撤去。既存野地板の下に断熱材を貼り構造用合板でカバーしている。

47

047

EDOGAWA-KU, TOKYO
2010

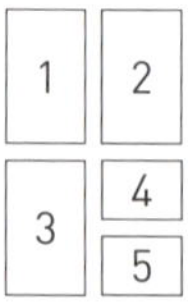

① 1階子ども部屋。1階も天井を抜き、既存の梁と床版を現しにしている。
② 1階アトリエから廊下を見る。手前はカーテンの間仕切り。
③ 既存廊下と階段。廊下の床をガラスに、右手の壁を抜いている。
④ 既存洋室4。現リビングスペース。
⑤ 既存洋室2。現キッチン。レンガ風壁紙はそのまま塗装。壁は一部撤去した。

DATA

建物名称	FUNABORI
所在地	東京都江戸川区
居住者構成	夫婦＋子ども2人
敷地面積	77.47㎡
建築面積	44.55㎡
延床面積	増改築前89.10㎡ 増改築後88.29㎡
構造・階数	木造2階建て
設計	駒田剛司＋駒田由香／ 駒田建築設計事務所
施工	栄建
竣工	増改築前2003年 増改築後2010年10月

「ずらし」と虚構性

江戸川区に建つ築7年程の戸建て住宅をリノベートしている。600万円という非常にタイトな予算の中で、既存のリソースを最大限利用すること、新規の要素を出来るだけ加えないこと。この2つが設計の絶対条件となった。既存の壁を一部抜き、天井を剥がし、キッチンの位置を変える。そして、既存のフローリング、既存の壁紙を白く塗り込める。新しい要素は、キッチンカウンター、1階へ光を落とすガラスの床、子供部屋からリビングへ繋がる梯子、そして収納扉の

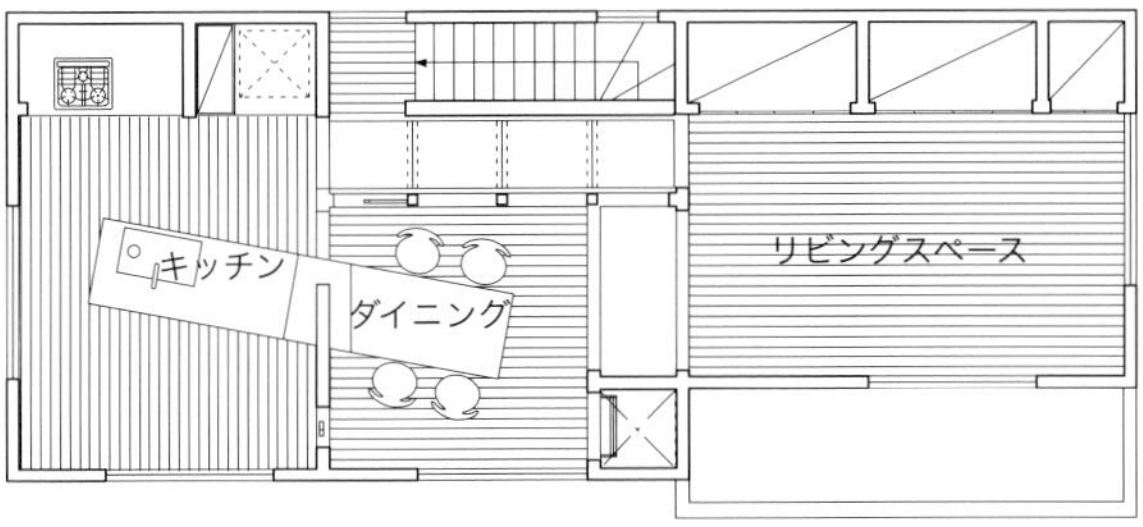

2階平面図

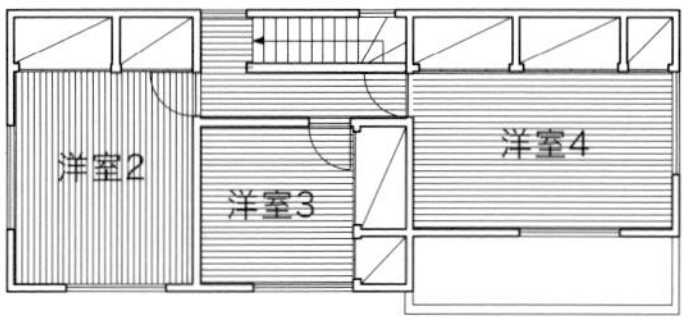

既存　2階平面図

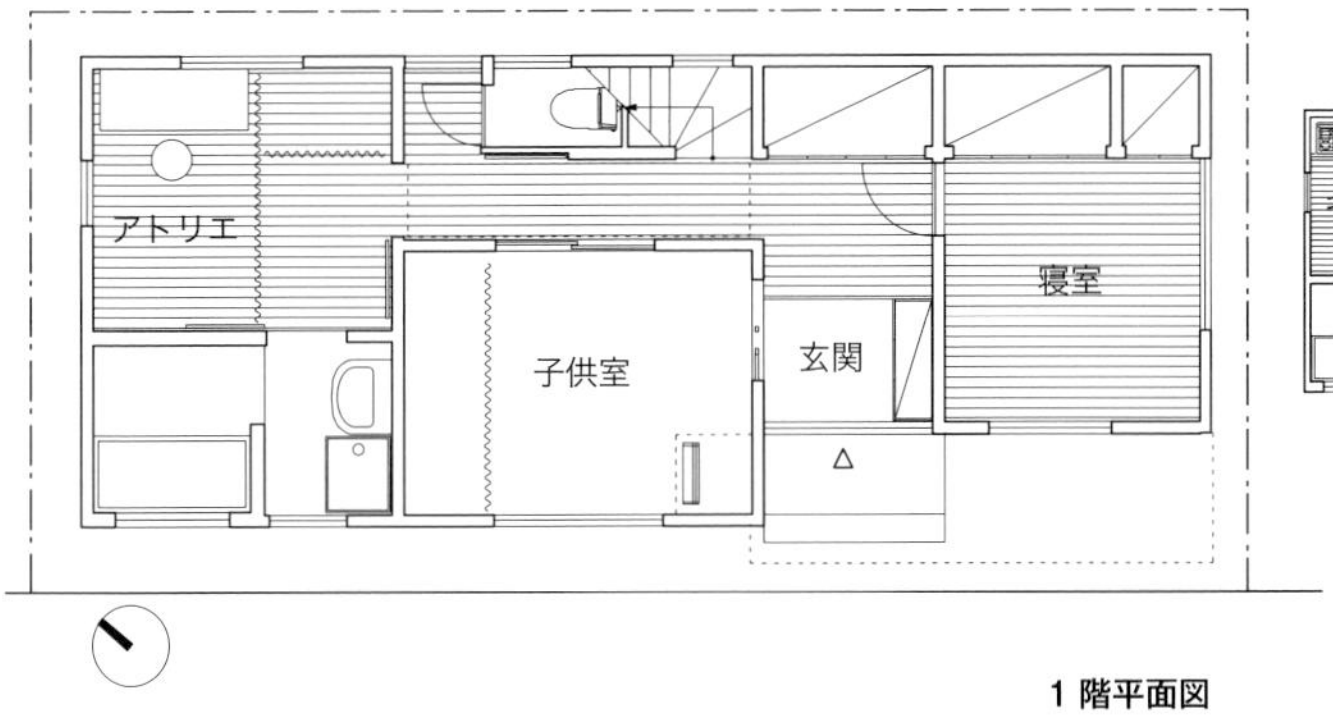

1階平面図

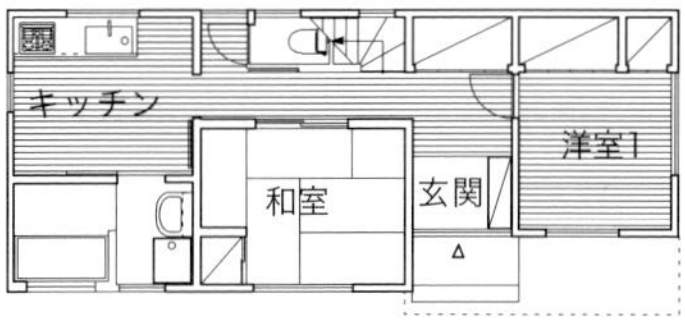

既存　1階平面図

小さなツマミ。私たちは、この僅かな手数でモノの在り方を徹底的にずらし、結果として空間の在り方を根本から変えることを目指した。天井を抜くと既存の壁がついたてになる（空間の囲われ方が一変する）。壁や床を白く塗ると、壁紙のパターンや大量生産品のフローリング、モールディングなどの記号性が消えてテクスチャーや輪郭だけが残る。隠れていた天井裏は新しい天蓋（天井というより天蓋と言った方がぴったりする）になる。ガラスの床を通して見る向こう側がガラスケースに入っているかのような見え方が起きる。モノの在り方がずらされることで一種の虚構性が生まれる。子供部屋のハシゴも空間のあるべき階位性を崩すことで虚構性を強調している。

また当然ながら、どこにでもあるこのような住宅を、最小限の環境負荷で再生することが出来たことにも大きな意義を感じている。

写真　Tomohiro Saruyama

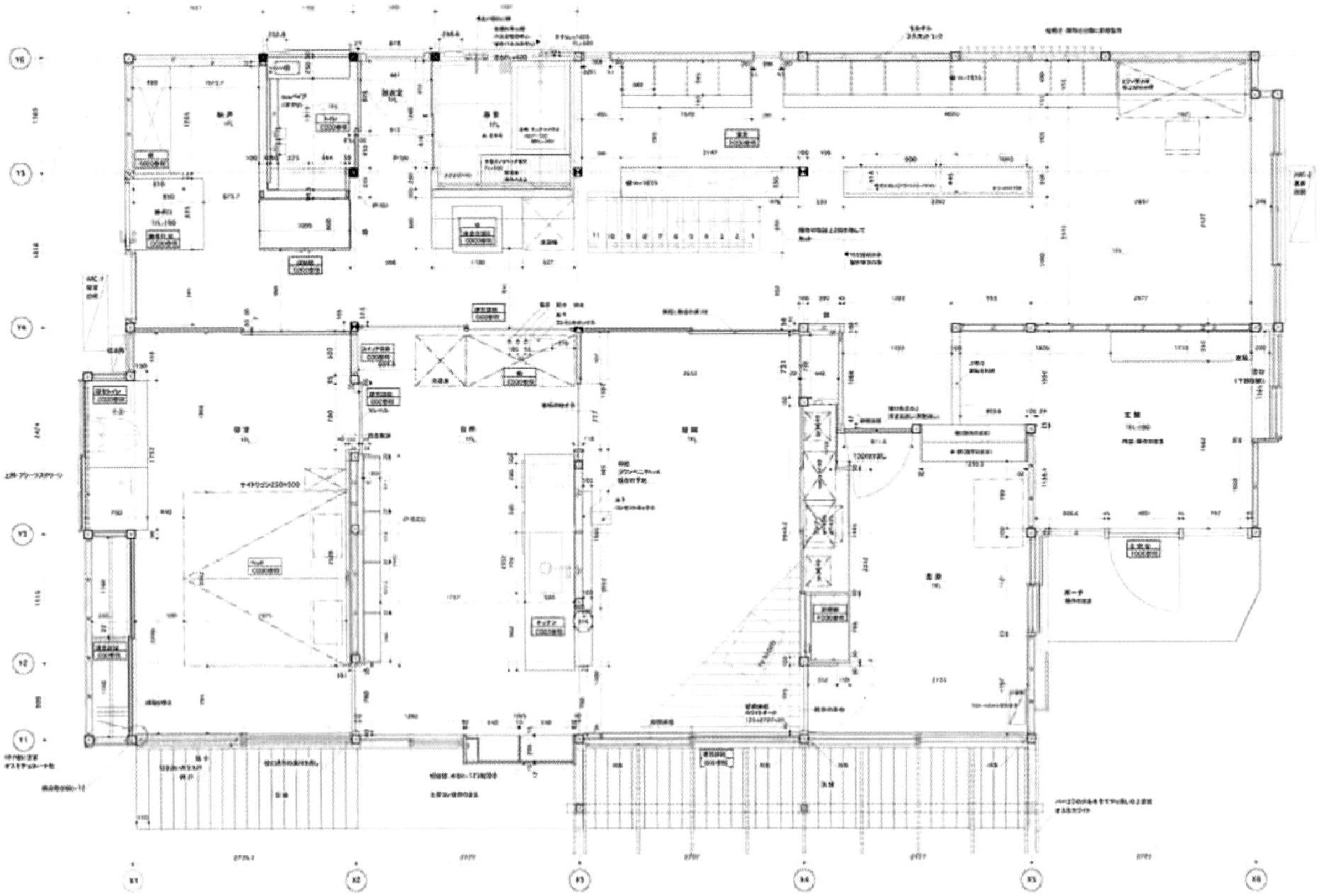

N 2004

仲町の家→早宮の家

山田初江（林・山田・中原設計同人）→八木佐千子（NASCA）

050

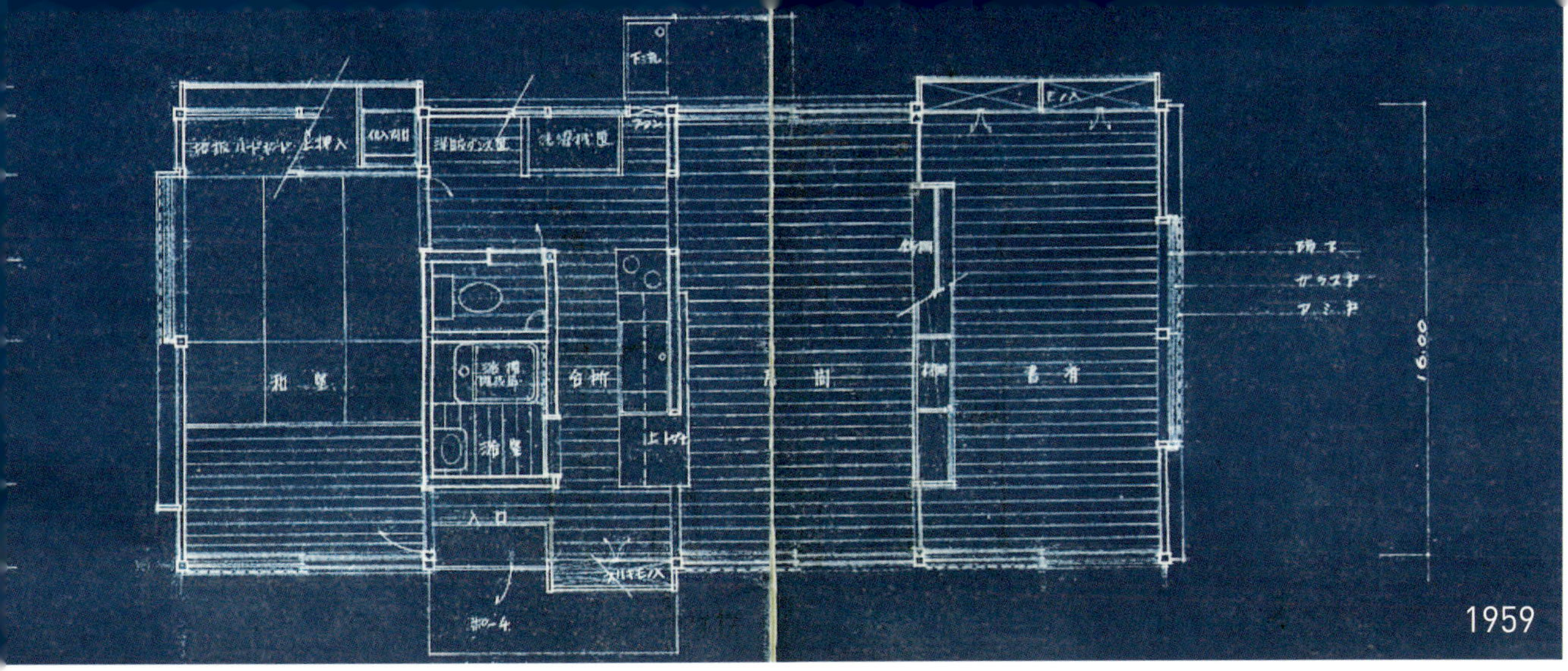

1959

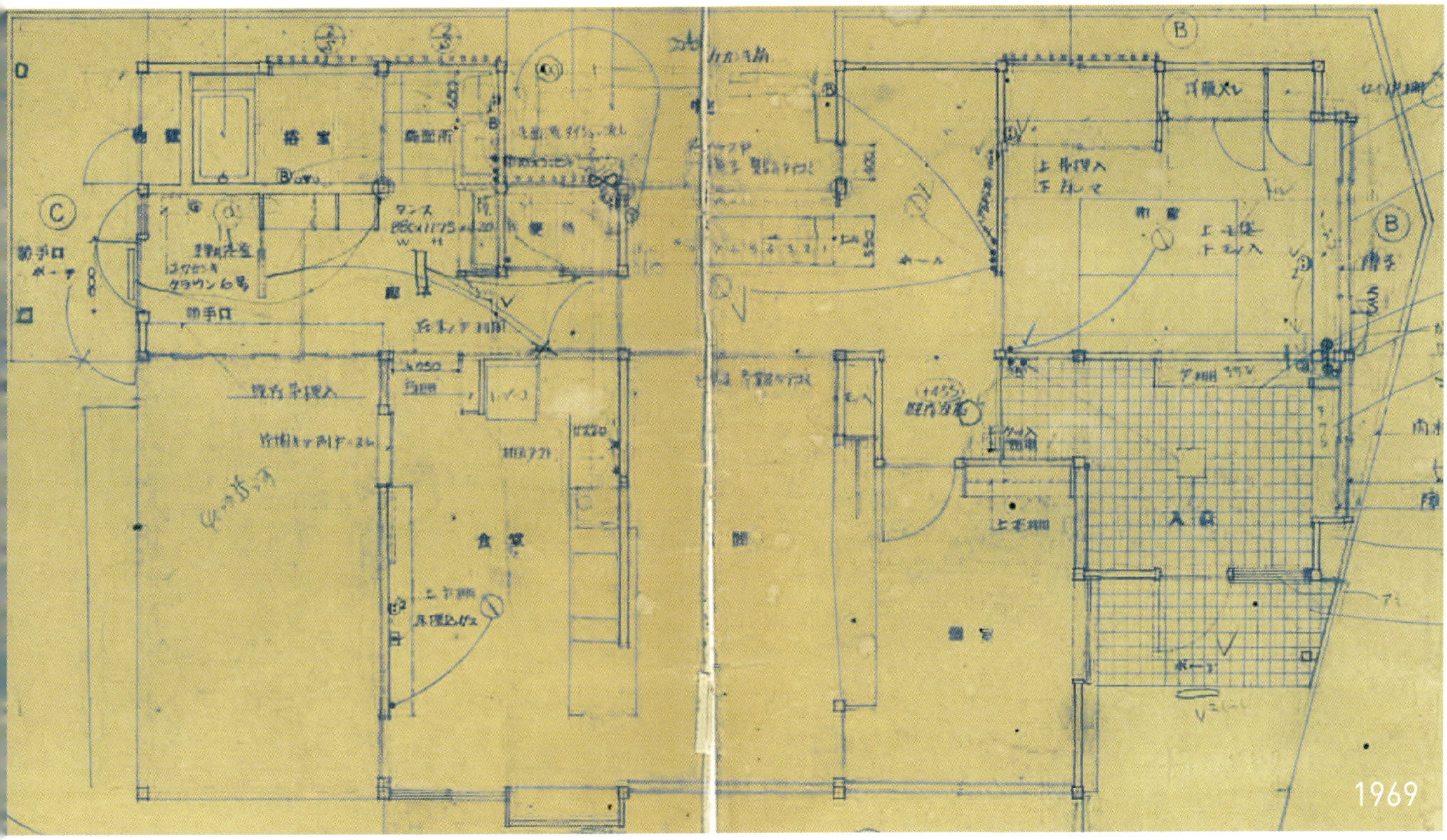

1969

55

051

NERIMA-KU, TOKYO
2004

更新と継承——52年間住み続ける

女性建築家の草分けが事務所を立ち上げた直後に手がけた16坪の小住宅。家族構成や住み手の年齢の変化とともに増改築を重ねて今年で53年が経過した。

新婚時代から子育時代、そして終の住処として住み通す施主の強い意志でこの住宅は更新し続けている。直近の改修はここで生まれ育った女性建築家が手がけた。

1

新築（1959年竣工） やねうら部屋のできる家
夫：30才　妻：30才

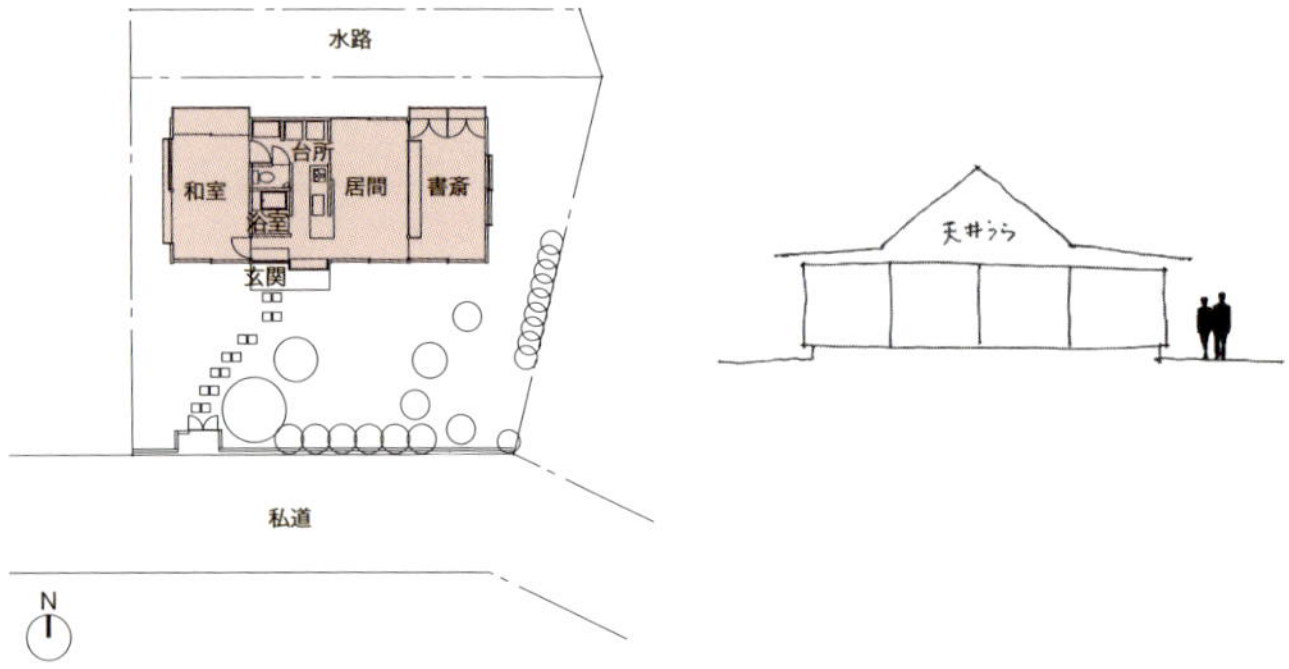

2

増築（1969年竣工） やねうら部屋のできた家
夫：40才　妻：40才　長女：9才　次女：6才

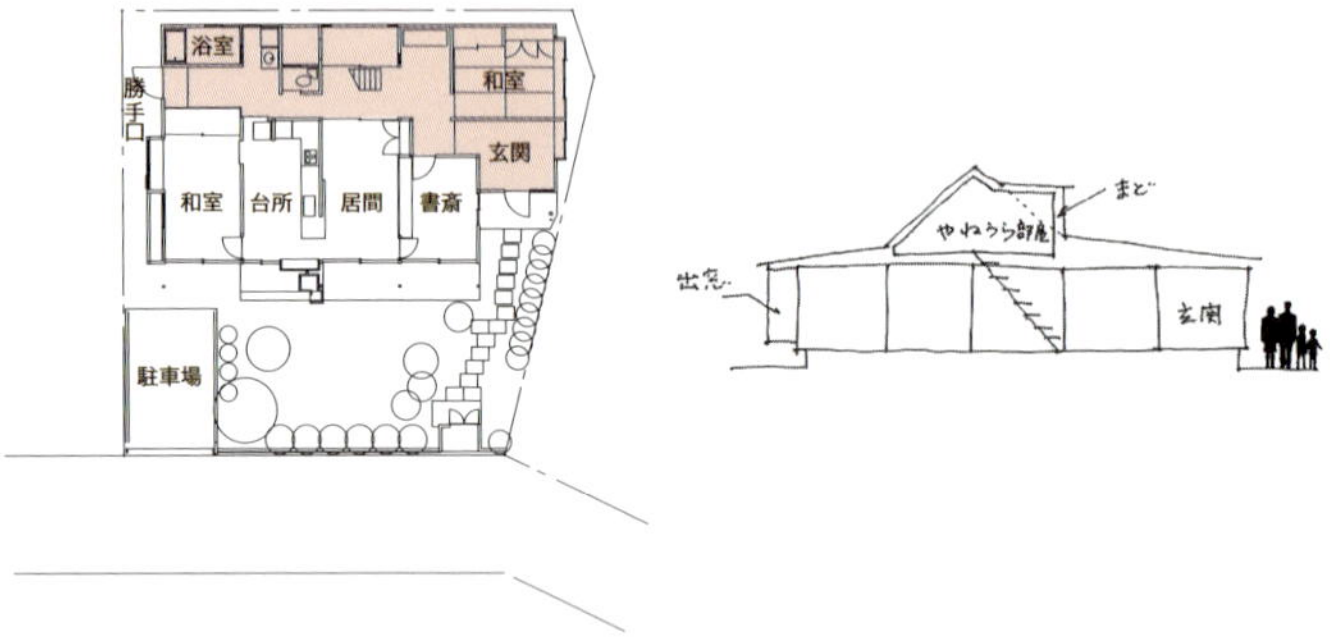

3

改修（2004年竣工） 更新し続けている早宮の家
夫：75才　妻：75才

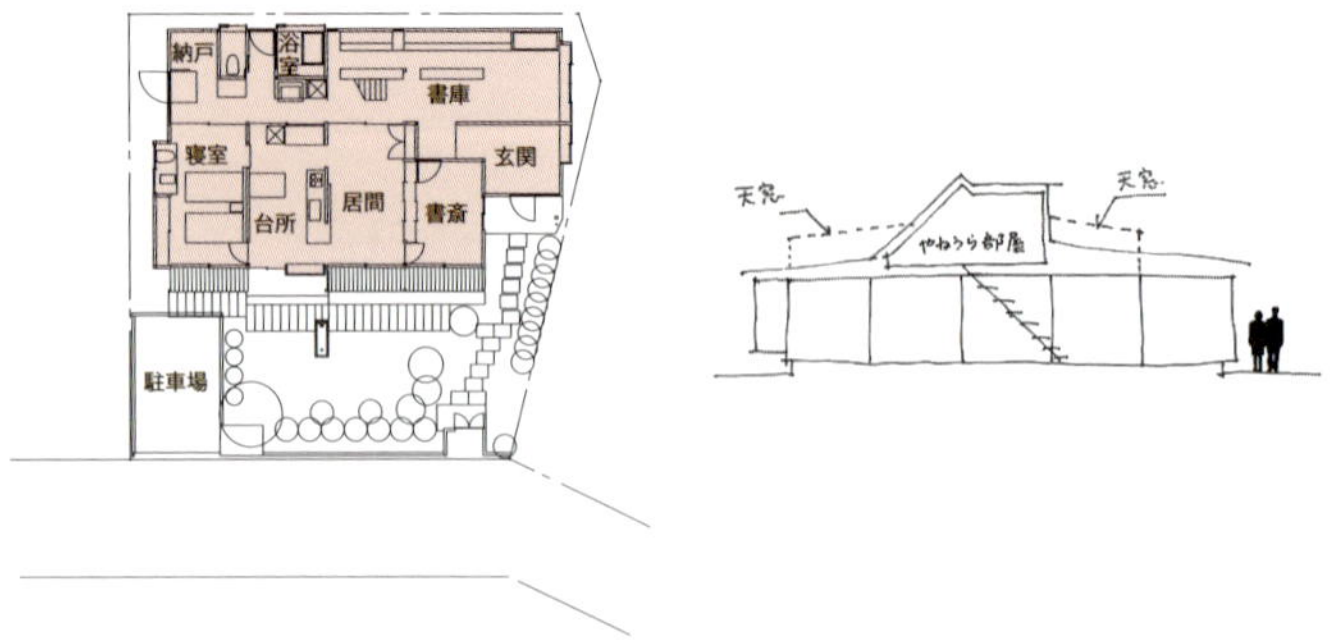

DATA

建物名称	仲町の家→早宮の家
所在地	東京都練馬区早宮3丁目
居住者構成	夫婦（1959年）→夫婦+娘（1960年）→夫婦+娘2人（1963年）→夫婦＋娘（1992年）→夫婦（1997年）→婦＋α（2009年）
敷地面積	176.90㎡（1959年）→225.76㎡（1969年）
建築面積	52.89㎡（1959年）→103.17㎡（1969年）
延床面積	52.89㎡（1959年）→139.47㎡（1969年）
構造・階数	木造2階建て
設計	山田初江／林・山田・中原設計同人（1959年、1969年） 八木佐千子／NASCA（2004年）
施工	杉山工務店（1959年）、網工務店（1969年）、広・佐藤工務店(2004年)
竣工	1959年10月新築、1969年12月増改築、2004年7月改築

1959年、16坪平屋の小さな家は、その後何人家族になるかわからなかった若夫婦が土地を購入してはじめて建てた新居である。当時の住宅金融公庫融資は16坪以下という制限があったためであるとも聞いているが、二人がはじめの一歩として建てるには間口1.5間×奥行き16尺の部屋が4つ並んでいる大きさは十分であったといえる。当時ではまだめずらしい「センターコア」の平面形式だ。家族が増えたら、やねうらを部屋として改装すればよいという青写真が当初から描かれていた。写真「木工界」（1960年7月号）

1960年、1963年と二人の娘にめぐまれた夫婦は、新築からちょうど10年後にやねうら部屋をつくり、運良く購入できた裏の土地部分にコンパクトだったトイレ、風呂などの水回り、客間、玄関を増築した。当初やねうら部屋は大人のための落ち着いたスペースとして計画され、びっちり造られた書架は夫婦の専門書で埋められていた。ただし家の中心はあくまでも台所と食卓。そこから距離感のあるやねうらでなかなかゆっくりする時間はない。結局、次女が中学生になって初めて日常的に使うようになる。次女はこの部屋で、古典や歴史や生物の研究本に触れながら建築の道を歩むことになった。

1992年、1997年と娘達が独立して家を出て行くと、老夫婦二人の家は使い方が少々変化してくる。なかなか家に居る暇のなかった父も少し家で過ごす時間ができてくる。客間も不要になる。設備配管もそろそろ老朽化した。耐震も気になる。ふとんの上げ下ろしがしんどくベッドにしたい。道から中の様子が伺えるようにブロック塀を無くしてオープンにしたい。バリアフリーにしたい。これを機に主要構造物はほとんど手をつけず、気になる部分を改修しつつ、シンプルな原設計に極力戻すことに努めた。増築はできないが、低く抑えられていた天井を剥がしたり、屋根形状を一部変えて気積を大きくした。北側も天窓で明かりが射した。当初の骨格と意匠を継承しつつ更新する部分に新たな意匠を組み込ませた。

写真　淺川敏

蔦の家

宮部浩幸（SPEAC）

外観。玄関を通り側につけた。左ページ・上／階段から上を見る。斜め材は構造補強のブレース。中／２階キッチン。天板は小さいが二辺から使える。下／改修前。建物全体が蔦に覆われていた。

054

57

055

TOSHIMA-KU, TOKYO
2010

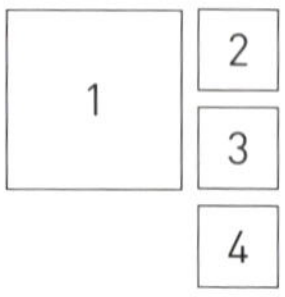

①２階は襖で２室に仕切ることができる。窓の外はF.L. ライト設計の明日館。
②２階のキッチン。
③１階。
④２階。既存の和室造作を残した。

蔦と古さを継承する

築40年超の木造戸建住宅を賃貸用SOHOとしてリノベーション。家主は十数年使われていない実家の家屋について、賃貸活用ができないものかと考えていた。

廃屋となり蔦が建物全体を覆う様子は所有者のみならず道行く人々にとって、印象深い存在となっていた。そうした周辺の人々の心象風景を継承しながら、新しい住民を迎えるべく計画は進められた。

この建物にとって最適な利用方法は何か？池袋駅から徒歩五分で文化的な雰囲気の漂う周辺環境からSOHO利用を第一に

DATA

建物名称	蔦の家
所在地	東京都豊島区
居住者構成	ホームオフィス利用の１人ないし２人を想定
敷地面積	48㎡
建築面積	26㎡
延床面積	52㎡
構造・階数	木造２階建て
設計	宮部浩幸、川合知子／SPEAC
プロデュース	吉里裕也／SPEAC
施工	アークオフィス
竣工	増改築前1960年代後半（推定） 増改築後2010年

改修前　平面図　１階（下）２階（上）

長い間無人だった為､内部仕上げはボロボロであった。各室は小さく家具のレイアウトができない。

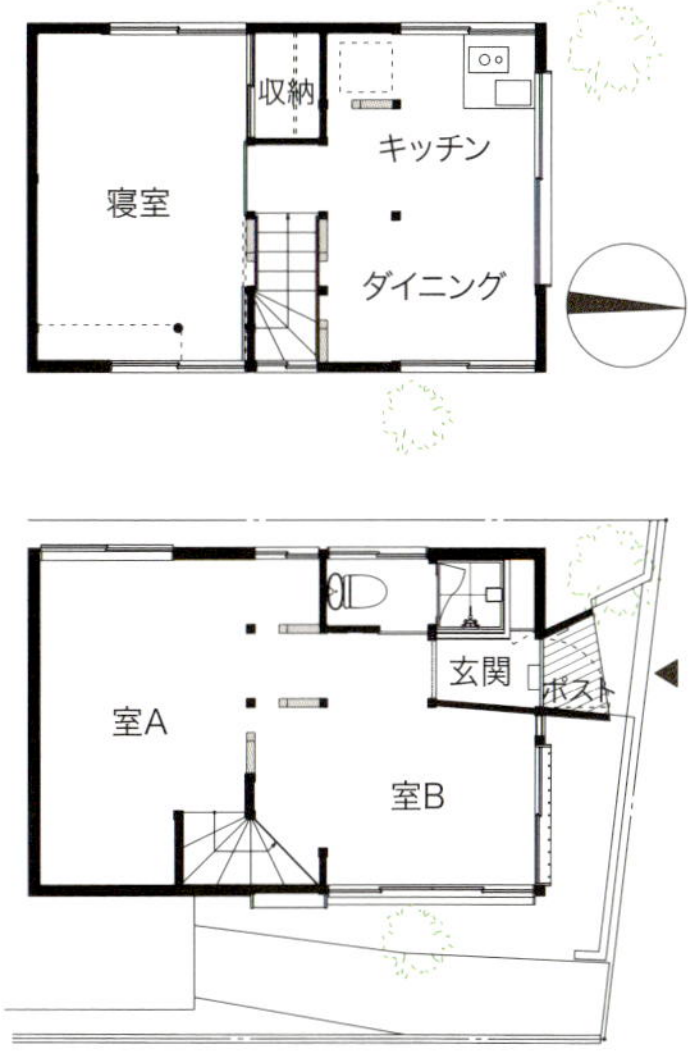

改修後　平面図　１階（下）２階（上）

周辺相場を調べ、SOHO ニーズをうまく取り込むプランとすれば初期投資もその後の修繕費用も賄える賃貸経営になると考えた。このため水回りはコンパクトにした。

アクセス

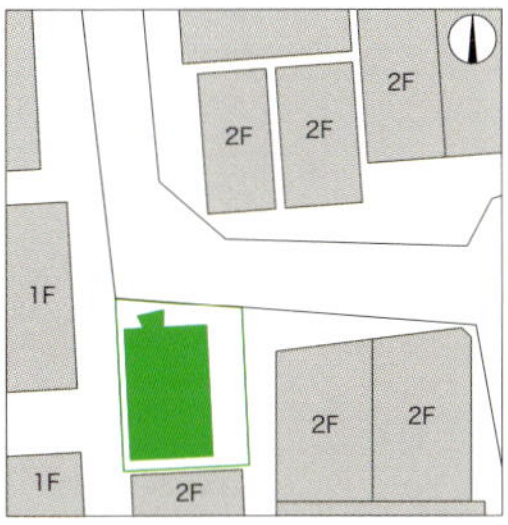

配置図

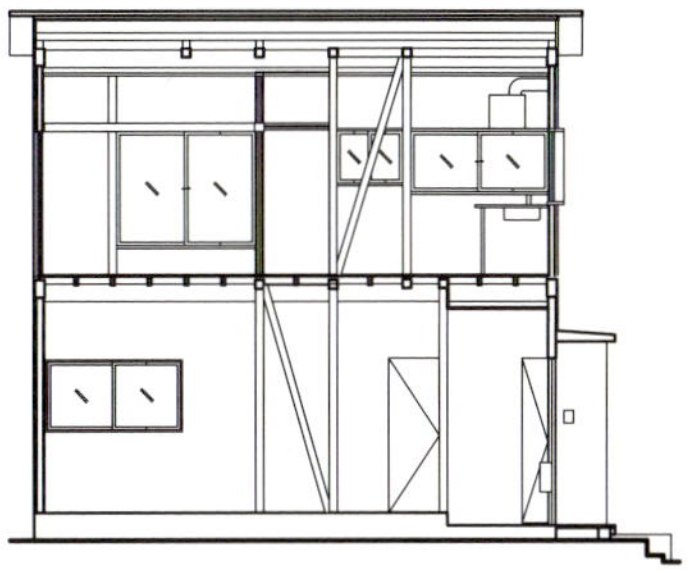

断面図

想定した。

SOHOとしての使い勝手に合うように、水廻りをコンパクトにまとめ、細かい間仕切りを排除したプランとした。少し周囲に対して開いた作りにすることで、オフィスとしての構えも備えた。

通常であれば真っ先に撤去されてしまう蔦こそが、この住宅の魅力的な特徴であると捉え、最大限残すこととした。

その上で、新しく設けるエントランスや既存の開口部廻りの枝葉を剪定することで、廃屋が息を吹き返した様がそのまま外観となった。工事後の蔦の剪定は居住者に委ねられている。のばせば日除けや目隠しとなる天然のカーテンである。

内部では例外的に小屋組と和室の床の間の造作だけは元々の木の素材感を残した。建物が蓄積した時間の重なりを空間に残すことで、この建物でしかできない空間の価値を持たせた。

新しさを保つことだけを良しとするのではなく、古色が増すと共に魅力が深化するような空間を目指した。

写真　Takeshi YAMAGISHI（p.55 下を除く）

目黒のテラスハウス

宮部浩幸（SPEAC）

左／前面道路からの外観。右上／構造を現しにした２階の居室。
右下／塀が住戸の分割線の延長で庭をふたつに分けている。
左下／東側の住戸には離れが付属している。

058

58

059

MEGURO-KU, TOKYO
2010

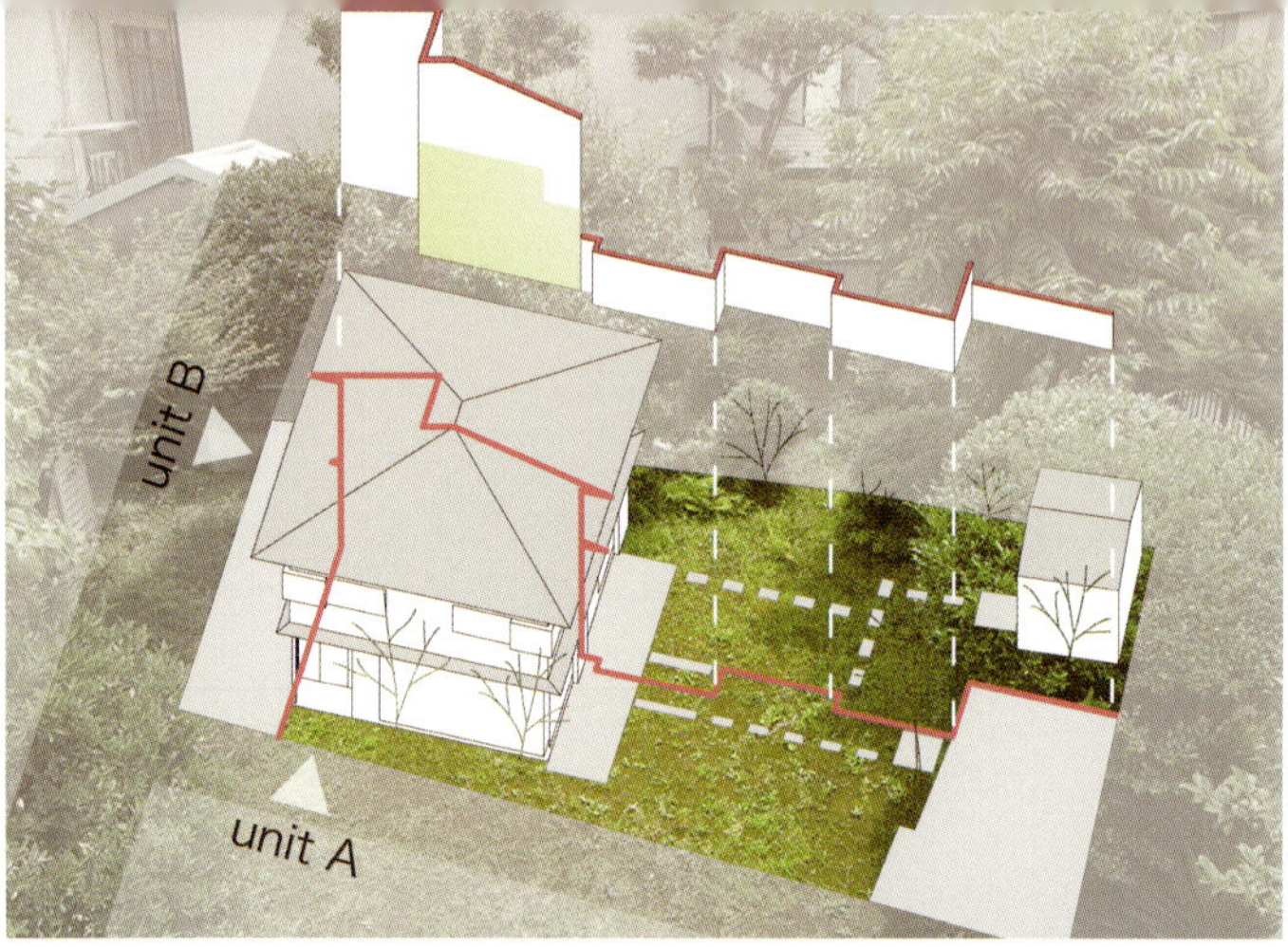

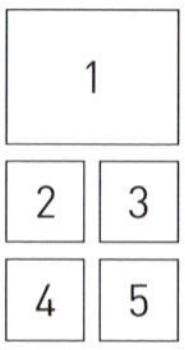

①分割のイメージ。
②西側住戸の駐車スペースから庭を見通す。
③２階居室の窓から庭の木々の梢が見える。
④改修によって１階は明るくなった。
⑤玄関袖壁は既存の無垢板張り。

戸建の分割リノベーション

この一軒家を2分割してテラスハウスに転用したプロジェクトは、オーナーの住み替えで空家となる木造家屋の有効活用を相談されたことから始まった。戦後以来、地域の風景を彩ってきた一軒家。大きな庭に茂った緑は周辺でも貴重な存在だ。普通なら更地に戻した土地を小割りにして分譲となりそうな話だが、今回は貴重な緑や建物が重ねてきた時間を価値として活かし、庭も建物も継承できる方法を模索した。

まず、立地や建物の状況にあった形

DATA

建物名称	目黒のテラスハウス
所在地	東京都目黒区
居住者構成	ディンクス、単身世帯、ホームオフィス利用を想定
敷地面積	316.00㎡
建築面積	71.46㎡
延床面積	129.29㎡
構造・階数	木造2階建て
設計	宮部浩幸、川合知子／SPEAC
プロデュース	吉里裕也／SPEAC
施工	SST
竣工	増改築前1950年あたり（推定） 増改築後2010年

060

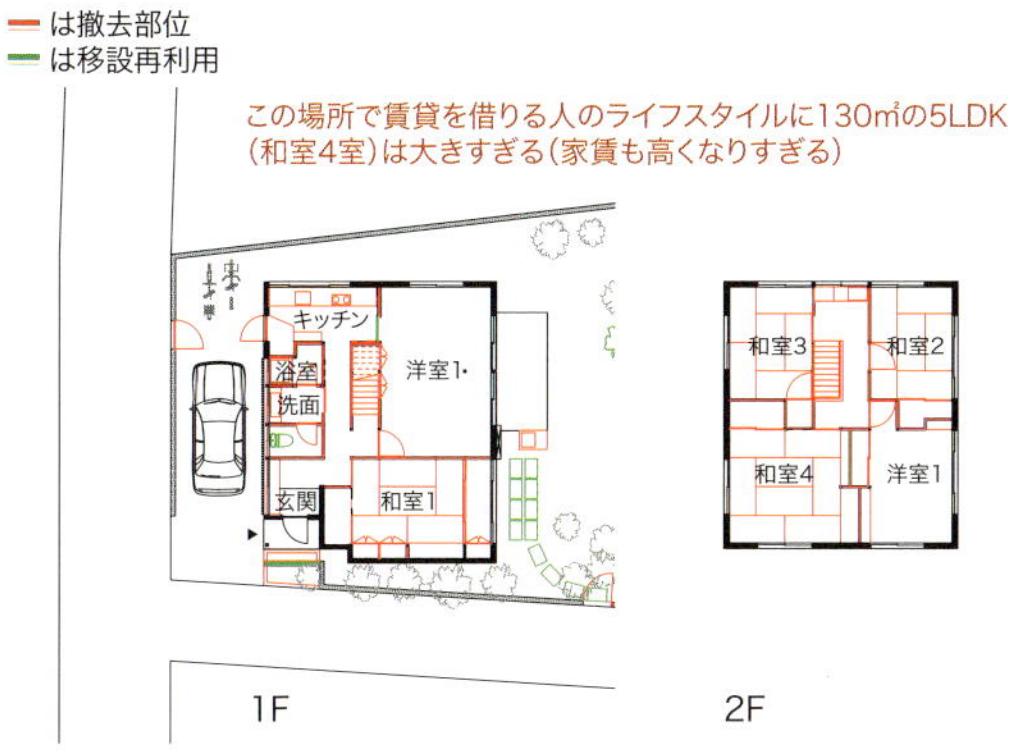

改修前　平面図

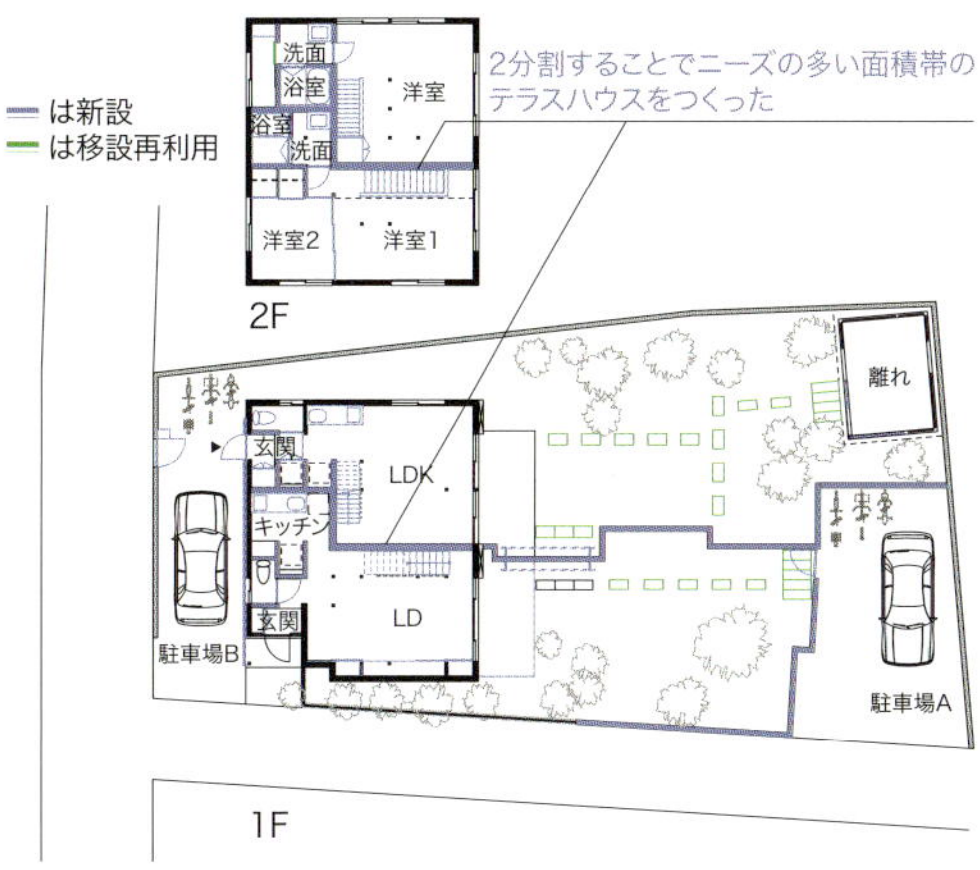

改修後　平面図

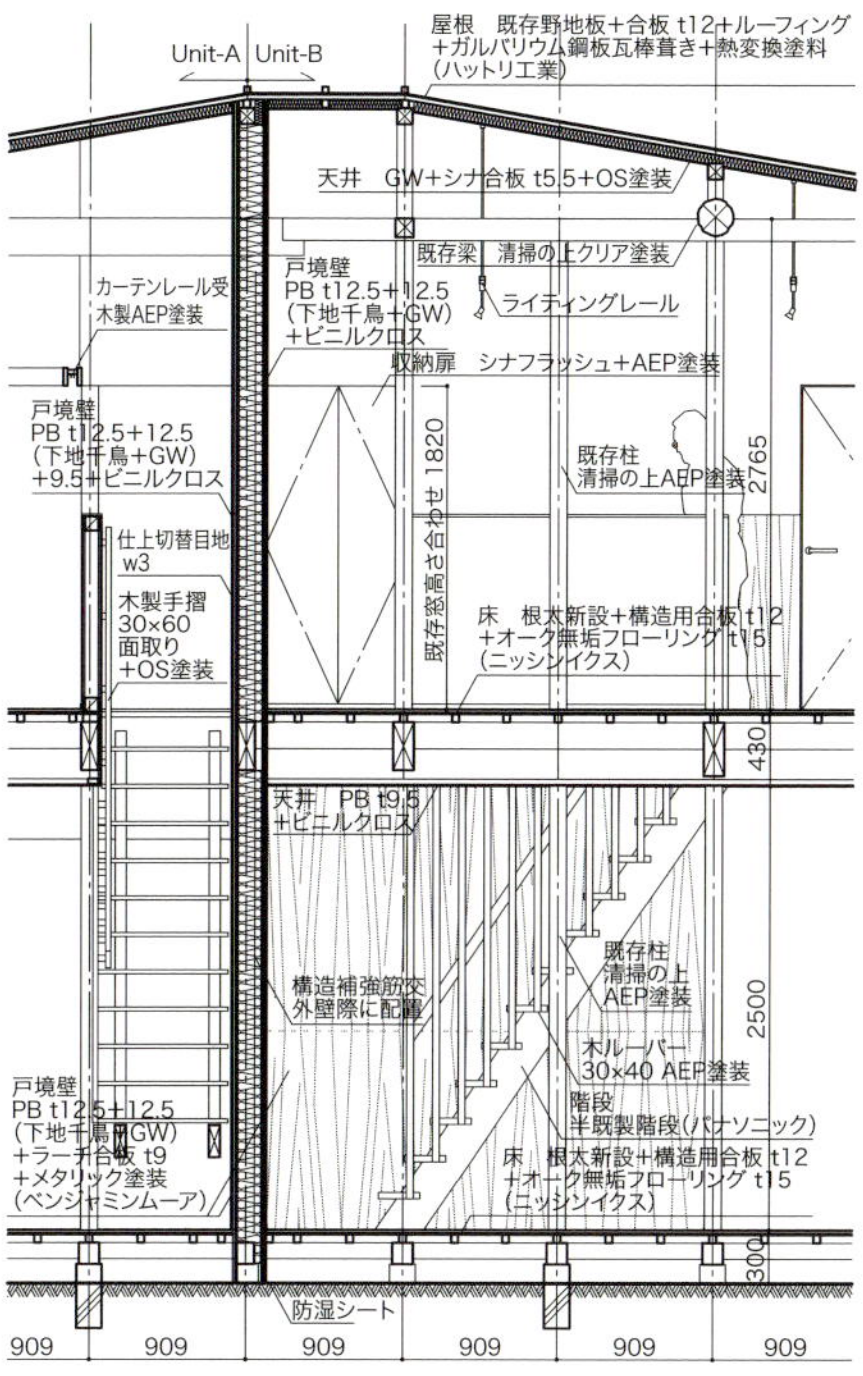

戸境壁付近矩計

で、健全な賃貸経営が成立し、初期投資や修繕費用が賄えるように企画を練った。130㎡の一軒家を貸す場合、賃料は高額となり、低い稼働率が予想される。そこで、家を2分割し1戸当りのサイズを小さくすることで入居者の幅を広げた。ディンクスや子一人世帯を中心に、SOHO利用やアトリエ的利用も想定した。

2分割にあたっては、庭との連続性と上下階の音の問題を考慮して、南北方向に戸境壁を設け、2つのメゾネットを設けた。庭も南北方向に塀を設け2分割した。塀を人の背丈より少しだけ高くすることで、声や気配は感じるが隣人の姿は見えない程よい距離感を作り、居住者が気兼ねなく使える庭を目指した。離れの小屋も改修し、ちょっとした秘密基地のような風情となった。室内では古色を帯びた柱や梁を活かすことで、時間的な厚みを感じる空間が生まれた。考えてみればこれは「空家問題」の一つの事例とも言える。

パーソナルなリクエストに応えながら、大きな問題を考える良い機会に恵まれた。

写真　Takeshi YAMAGISHI（p.58 下、p.59 下を除く）

高野台のリノベーション／多重領域

髙田博章＋中畑昌之（htmn）

左／ダイニングからリビングを見る。さまざまなシーンの断片が同時に視界に飛び込んでくる。右／子ども部屋から見た寝室方向。夕方、温暖色に染まる寝室の上部が垣間見える。左下／リビングから子ども部屋をのぞむ。内部開口を通して長机が領域を越境する。

062

72

063

NERIMA-KU, TOKYO
2010

寝室からダイニングを見る。方形の勾配天井。

書斎の南から北方向を見る。領域を横断する天井。

2世帯の家族で購入された、ツーバイフォー中古住宅2階部分のリノベーションである。（所在地：練馬区高野台）

若い夫婦と子供が暮らす2階（2階床面積：83.48㎡）について、どこにいても家族の気配が感じられる大きなワンルームのような家にしたいというクライアントからの要望であったが、ツーバイフォー住宅は、耐力壁が構造上重要であるため、相当な壁量を残さなければならず、壁を減らしていくような方法では限界があると思われた（こういった点が、ツーバイフォー住宅のリノベーションを困難にしてい

DATA

建物名称	高野台のリノベーション／多重領域
所在地	東京都練馬区
居住者構成	夫婦＋子ども１人 （1階　祖母、両親）
敷地面積	286.94㎡
建築面積	139.31㎡
延床面積	222.79㎡
構造・階数	木造２階建て
設計	髙田博章＋中畑昌之／htmn
施工	水無月興産
竣工	改修前1999年２月 改修後2010年８月

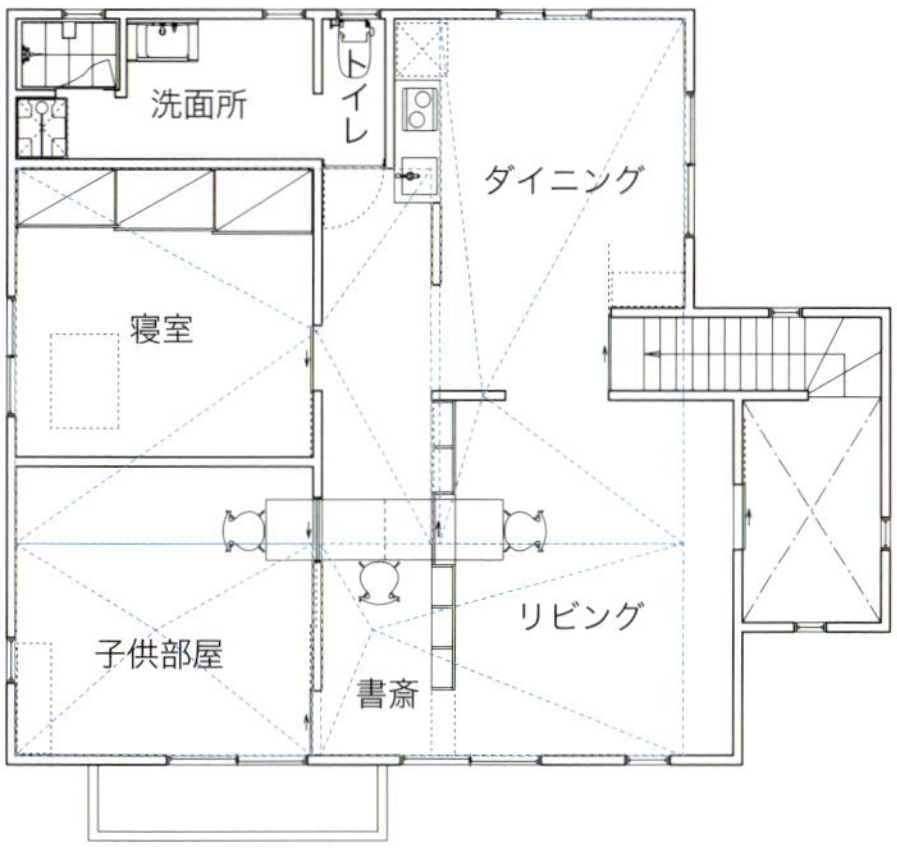

2階平面図

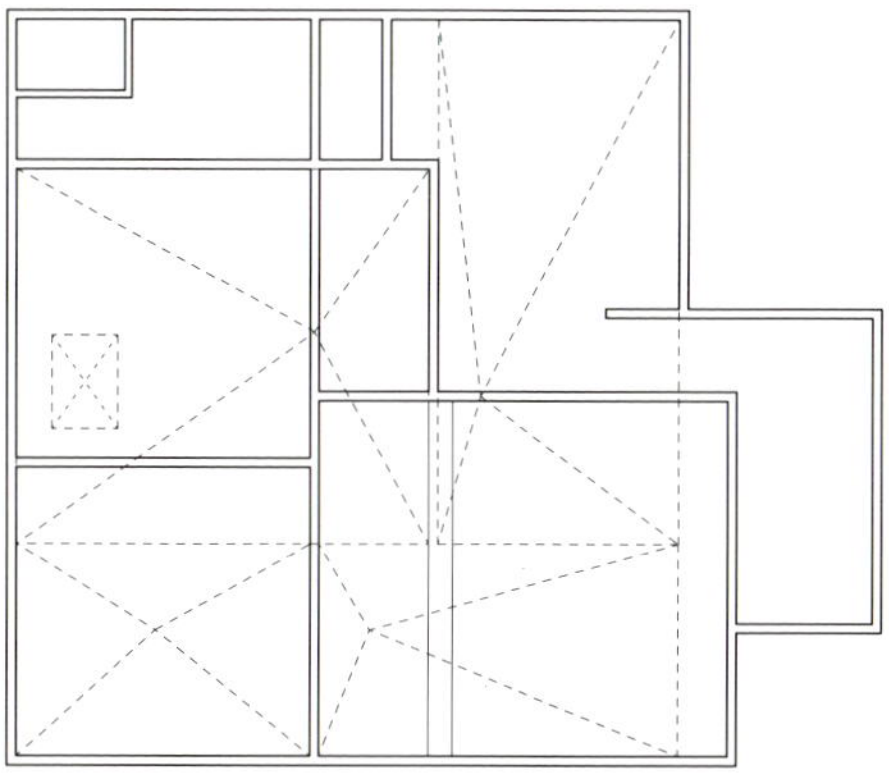

2階天井伏図

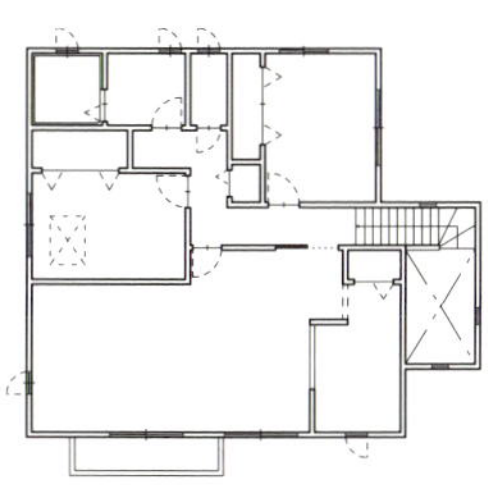

既存2階平面図

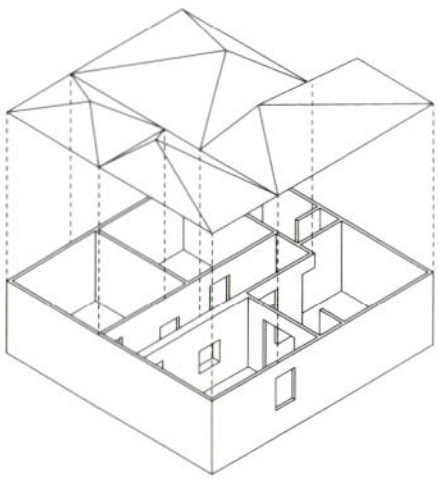

2階構成図

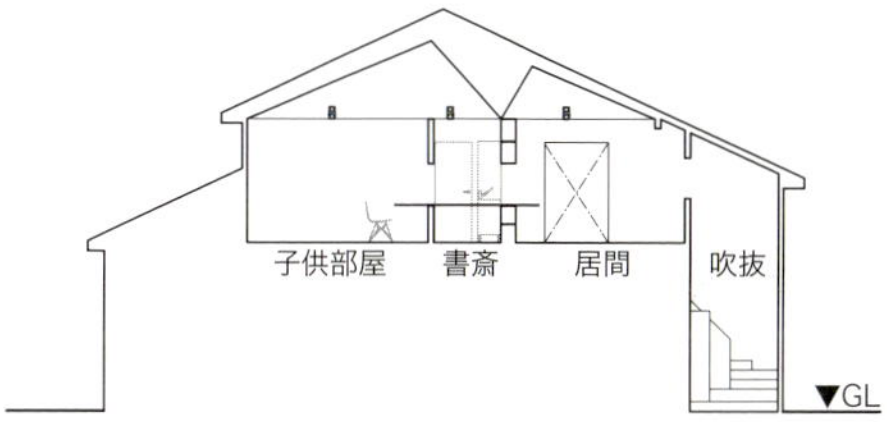

断面図

る)。そこで、壁そのものというよりは、壁と天井の関係を見直すことで、開放感のある空間にすることができないかと考えた。具体的には、天井懐に高さの異なる4つの勾配天井を5部屋の間をずれながら横断するように掛け直すことで、空間の上方で緩やかに部屋同士を繋げている。その結果、壁によって硬直化していた部屋の境界はにじみ、領域の多重性をうみだすことができたのではないかと思う。また、構造上問題のない部分には、内壁に開口を設け、そこに3部屋をまたぐ長机を設置した。各領域を机やキッチンカウンターなどの家具的な要素が越境することにより、天井とはまた異なる多重領域感をつくりだしている。

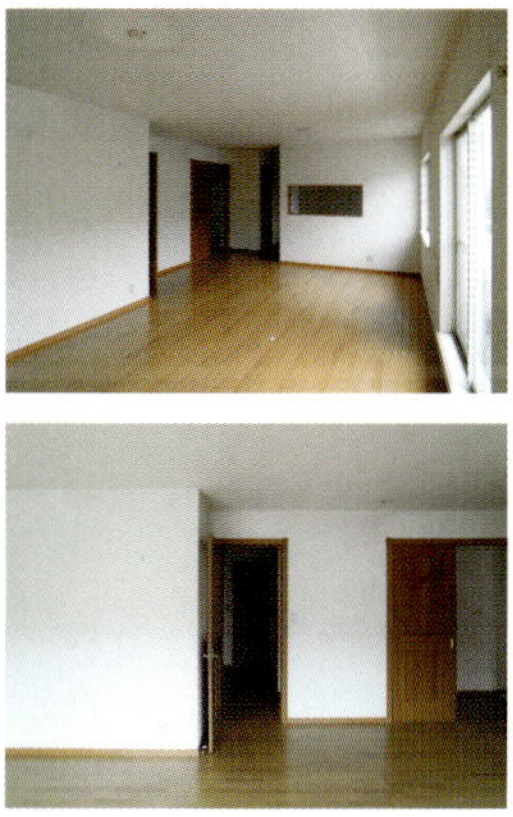

既存2階内観写真

写真　阿野太一(既存建物を除く)

庭の樹々が美しく映える
ライトイエローに彩られた空間／東松原の住宅 増築改装

小谷研一（小谷研一建築設計事務所）

右／二股に分岐したLDKはひとつながりだけれども、それぞれの場所に心地よい場所が生まれている。それとわかりにくいエキスパンションジョイントとすることで、増築部と既存部が自然に連続した空間が実現されている。左／夏蜜柑の木の枝が覆い被さるエントランスポーチ。増築部壁の角度をふることでエントランスポーチから庭を一望できないように視界をコントロールしている。下／エントランスを入ると横長窓から庭が一望できる。

066

78

067

SETAGAYA-KU, TOKYO
2009

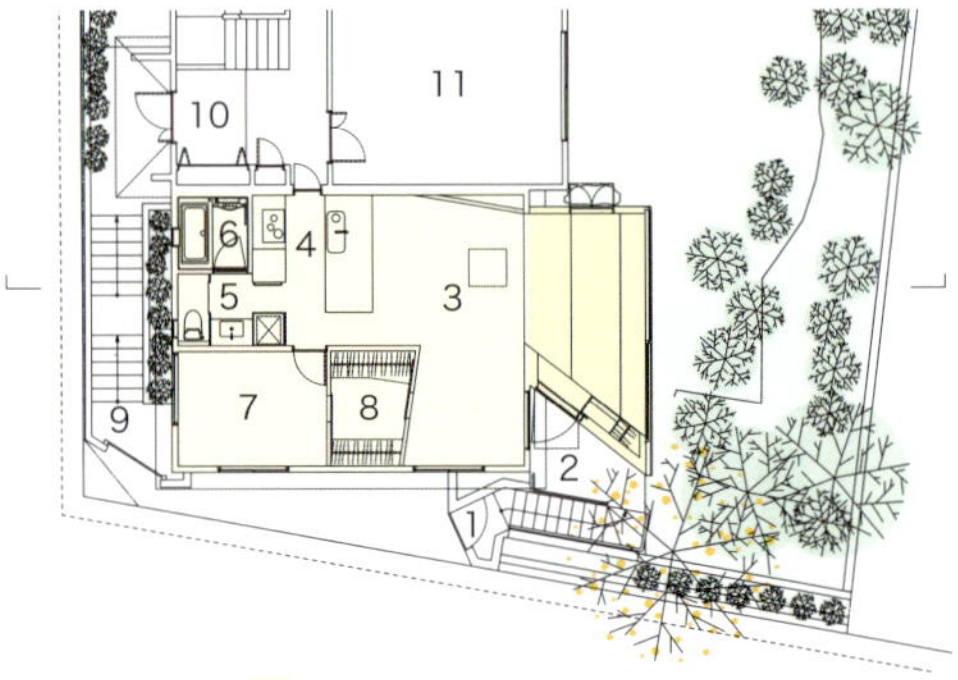

改装部　増築部

増築改装後　1階平面図

増築改装後　南北断面図

1　アプローチ階段
2　エントランスポーチ
3　リビングダイニング
4　キッチン
5　洗面
6　浴室
7　寝室
8　収納
9　親世帯アプローチ
10 親世帯エントランス
11 親世帯

LDK

寝室

築18年の二世帯住宅の片方世帯の増改築計画である。敷地には様々な樹々が庭を形作っており、夏蜜柑の樹が道路境界を超えて生い茂っていた。既にそこにある樹々に配慮しながら、夏蜜柑の樹に向かって登って行く階段、既存壁と増築部壁に挟まれ夏蜜柑の枝が覆い被さるエントランスポーチ、中木の並びに相対する横長窓を設けた。

DATA

建物名称	庭の樹々が美しく映えるライトイエローに彩られた空間／東松原の住宅（増築改装）
所在地	東京都世田谷区
居住者構成	夫婦＋猫１匹（増築改装部）
敷地面積	365.83㎡
建築面積	増築前 137.46㎡ 増築後 150.60㎡（増築部 13.14㎡）
延床面積	増築前 268.29㎡・増築後 281.43㎡
構造・階数	木造枠組壁工法（一部鉄筋コンクリート造） 地下１階・地上２階建て（計画は１階）
設計	小谷研一／小谷研一建築設計事務所
構造設計	加藤征寛／ MID 研究所
施工	北原隆志／月造
竣工	増改築前 1991 年９月・増改築後 2009 年 11 月

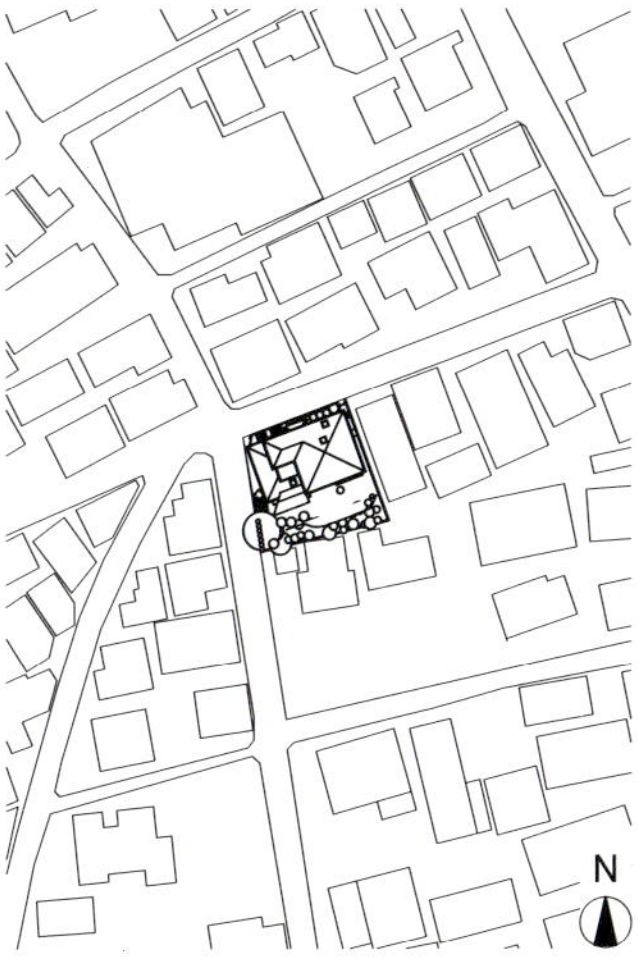

配置図

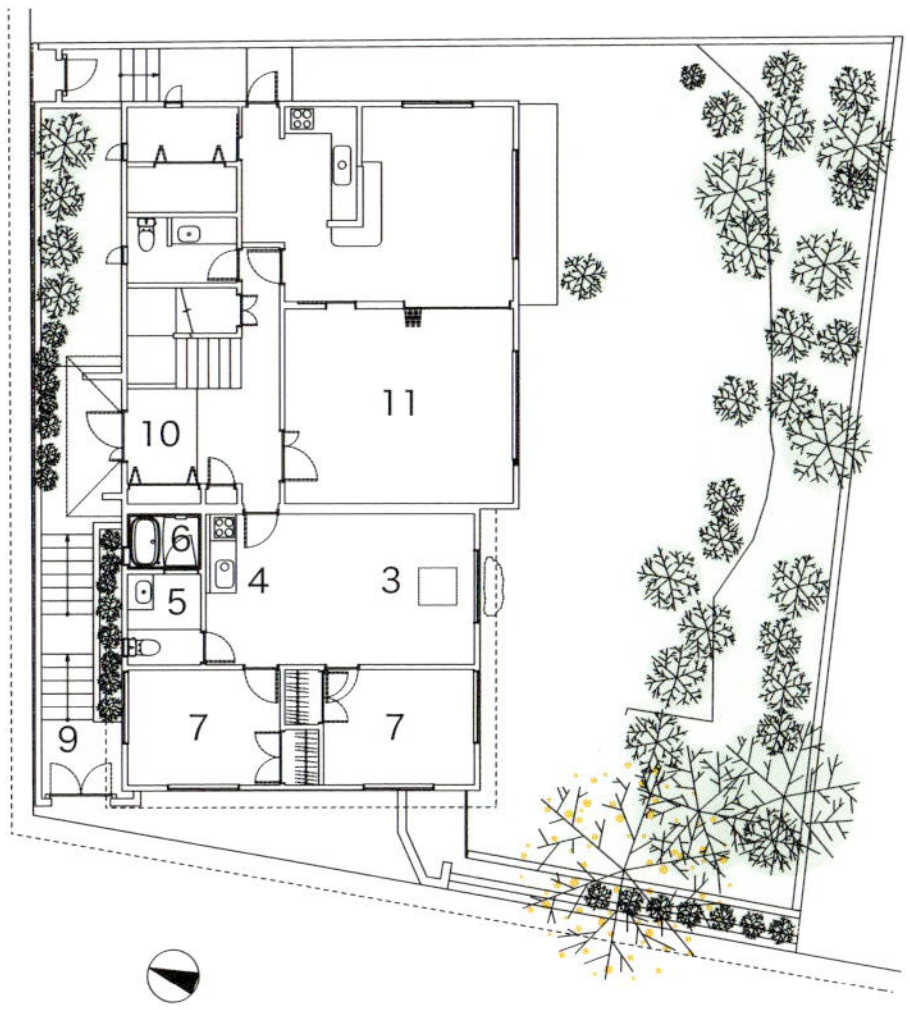

増築改装前　1階平面図

擁壁を切崩して作られた門扉。擁壁に同化している。

アプローチ階段

増築部と改築部が一繋がりになるLDKは、壁を同じような長さに分解することで、どこかの壁が特化したものでなく、増築部と既存部の同等な関係を目指した。折れ曲がった壁や天井は、先が見切れることで限りある空間に心理的距離感を与え、繋がっていると同時に少し独立しているような居場所を作り出している。黄色い壁・天井は庭の緑を引立て、刻々と変化する光の陰影を強調し、面毎に異なった色を見せる。

外部仕上げは既存を肯定するでも否定するわけでもなく、ただそこにあるものを受け継ぎ、纏っている。新しいものが既存建物や擁壁などに対しコントラストを生むのではなく、そこに同化しているようだが、注意深く見ると気付く、「忍び込んだカメレオン」のような存在になればと考えた。

写真　鳥村鋼一（p.67、p.69）、小谷研一（p.66、p.68）

→ p.14・94

C.U.I

中佐昭夫　Akio Nakasa
ナフ・アーキテクト＆デザイン

158-0083
東京都世田谷区奥沢 2-12-3 丸長ビル 303
tel 03-5731-7805
http://www.naf-aad.com

1971　広島県生まれ
1995　広島大学工学部第四類（建設系）卒業
1997　早稲田大学理工学研究科修士課程修了
1997 ~ 2000　山本理顕設計工場勤務
2001　ナフ・アーキテクト＆デザイン共同設立

→ p.18・86

伊勢の静居

髙橋元氣＋髙橋つばさ
元氣つばさ設計事務所

103-0001
東京都中央区日本橋小伝馬町 6-14 2A
tel 03-5877-6079
http://www.gt-aa.com/

髙橋元氣　Genki Takahashi
1974　東京都生まれ
1998　東京大学工学部建築学科卒業
2000　東京大学大学院工学研究科建築学専攻修了
2000 ~ 2007　鵜飼哲矢事務所勤務
2007　元氣つばさ設計事務所設立（髙橋つばさと共同主宰）

髙橋つばさ　Tsubasa Takahashi
1976　大阪府生まれ
1998　横浜国立大学工学部建設学科建築学コース卒業
2000　横浜国立大学大学院工学研究科計画建設学専攻修了
2000 ~ 2005　飯田善彦建築工房勤務
2007　元氣つばさ設計事務所設立

→ p.22
p.26

COMPACT LUXURY
本棚の家

川上堅次　Kenji Kawakami
エトラ

107-0062
東京都港区南青山 5-6-14-301
tel 03-3407-1402
http://etla.jp/

1975　兵庫県生まれ
1997　IED イタリア ローマ校留学
1999　日本大学理工学部建築学科卒業
2000 ~ リビングプロダクト、アーキテクチャー・ラボ勤務
2005　カプデザイン共同設立
2008　エトラデザイン・エトラ設立
2010　南青山に移転

→ p.30

YA-CHI-YO　～価値の再編集～

山下保博　Yasuhiro Yamashita
アトリエ・天工人

150-0001
東京都渋谷区神宮前 4-1-20-B1F
tel 03-6439-5540
http://www.tekuto.com/

1960　鹿児島県奄美大島生まれ
1986　芝浦工業大学大学院工学研究科建設工学修士課程修了
1991　山下海建築研究所設立
1995　事務所名をアトリエ・天工人（テクト）に改称
1999 ～ 2007　芝浦工業大学非常勤講師
1999　Project1000 設立
2007 ～ 2010　東京大学大学院非常勤講師
2008 ～ 2010　東京理科大学非常勤講師
2009 ～ arcprospect（USA）評議員
2010 ～ 慶應義塾大学大学院非常勤講師

→ p.34

繋がる家

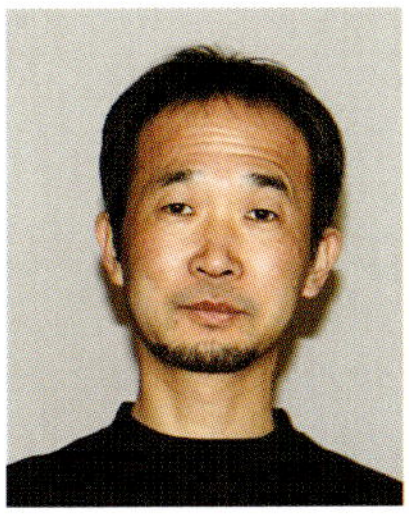

鈴木秀雄　Hideo Suzuki
バサロ計画

132-0024
東京都江戸川区一之江 6-10-23
tel 03-3651-3395
http://www.vassalloplan.com/

1963　東京都生まれ
1986　法政大学工学部建築学科卒業
1989 ～ 2000　MIA 勤務
2000　バサロ計画設立

→ p.38

新金岡団地の改修

髙橋功治　Koji Takahashi
髙橋功治アトリエ

542-0012
大阪市中央区谷町 7-6-14
tel 06-6761-2955
http://kojitakahashi.com/

1977　滋賀県生まれ
2000　大阪芸術大学芸術学部建築学科卒業
2008　髙橋功治アトリエ設立

→ p.42

借家生活 1,2,3,4…

駒井貞治　Sadaharu Komai
駒井貞治の事務所
606-0942
京都市左京区松ヶ崎樋ノ上町 11-2
tel 075-708-1256
http://www006.upp.so-net.ne.jp/komai/

1968　大阪府生まれ
1990　京都府立大学生活科学部住居学科卒業
1990 ～ 1995　吉村篤一／建築環境研究所勤務
1997　駒井貞治の事務所設立
2005 ～ 名古屋芸術大学講師
現在　大阪大学大学院工学研究科博士課程後期在籍中

→ p.46・82

FUNABORI

駒田剛司＋駒田由香
駒田建築設計事務所

134-0088
東京都江戸川区西葛西 7-29-10-401
tel 03-5679-1045
http://www.komada-archi.info/

駒田剛司　Takeshi Komada
1965　神奈川県生まれ
1989　東京大学工学部建築学科卒業
1989 ～ 1995　香山壽夫建築研究室
1995 ～ 2000　東京大学工学系研究科建築学専攻助手
2000 ～ 駒田建築設計事務所にて駒田由香と協働

駒田由香　Yuka Komada
1966　福岡県生まれ
1989　九州大学工学部建築学科卒業
1989 ～ 1993　東陶機器入社
1993 ～ 1996　サティスデザイン
1996　駒田建築設計事務所共同設立

→ p.50

仲町の家→早宮の家

山田初江　Hatsue Yamada
林・山田・中原設計同人

1929　東京生まれ
1951　日本女子大学家政学部生活芸術科住居学専攻
（現・住居学科）卒業
1958　林・山田・中原設計同人を共同主宰

八木佐千子　Sachiko Yagi
NASCA

162-0052
東京都新宿区戸山 3-15-1-4F
tel 03-5272-4808
http://www.studio-nasca.com/

1963　東京都生まれ
1986　早稲田大学理工学部建築学科卒業
1988　早稲田大学大学院博士前期課程修了（穂積研究室）
1988 ～ 1993　團・青島建築設計事務所勤務
1994　NASCA を古谷誠章と共同主宰

→ p.54
p.58

蔦の家
目黒のテラスハウス

宮部浩幸　Hiroyuki Miyabe
SPEAC

150-0001
東京都渋谷区神宮前 1-21-1-3F
tel 03-3479-0525
http://www.speac.co.jp/

1972　千葉県生まれ
1997　東京大学大学院工学系研究科建築学専攻修士課程修了
1997 ～ 1999　北川原温建築都市研究所
1999 ～ 2007　東京大学建築学科助教
2005 ～ 2006　リスボン工科大学客員研究員
2007 ～ SPEAC パートナー

→ p.62・90

高野台のリノベーション／多重領域

髙田博章 ＋ 中畑昌之 /htmn

169-0051
東京都新宿区西早稲田 1-16-20-4F
tel 03-3203-3969
http://www.htmn.jp/

髙田博章　Hiroaki Takada
1978　東京都生まれ
2000　東京理科大学卒業
2002　東京理科大学大学院修士課程修了
2007　髙田博章建築設計設立
2010　htmn 共同設立

中畑昌之　Masayuki Nakahata
1979　静岡県生まれ
2004　東京理科大学卒業
2006　東京理科大学大学院修士課程修了
2006 ～ 2007　University College London, The Bartlett
2008 ～ 2011　東京理科大学理工学部建築学科助教
2010　htmn 共同設立

→ p.66・92

庭の樹々が美しく映えるライトイエローに彩られた空間／東松原の住宅（増築改装）

写真　小谷玲子

小谷研一　Ken'ichi Otani
小谷研一建築設計事務所

168-0065
東京都杉並区浜田山 4-15-16-101
tel 03-3316-3440
http://www.k-otani.com/

1975　米国・イリノイ州生まれ
2000　東京理科大学大学院理工学研究科建築学専攻修士課程修了
（小嶋一浩研究室）
2001 ～ 2003　乾久美子建築設計事務所勤務
2003　小谷研一建築設計事務所設立
2011 ～ 昭和女子大学非常勤講師

審査会記録——入選作品コメント

審査員　植田実・千葉学

審査方法は、まずふたりの審査員がパネルを見て、それぞれ入選作の候補を挙げました。候補に挙がったものについて話合い、20作程度という目安で、入選作品を絞り込んでいきました。入選作品に順位はありません。ここでは、審査員による入選作品についてのコメントを採録します。

収納によるランドスケープ

72　高野台のリノベーション／多重領域

植田　天井をはがして、構築をあらわにするというリノベーションのスタイルがありますが、そのひとつですね。

千葉　これはツーバイフォーの構造で、耐力壁をいじれなかったんですね。そういう制約条件の中で、まったく下の構成と違う屋根型を新しく掛けてしまう。それで部屋のつながりや一体感を出しています。ツーバイフォーの盲点を突いているようなところがあって、おもしろいと思いました。ただ壁を全部、塗り直しているので、一見、リノベーションに見えない。その点は少し残念。

72　高野台のリノベーション／多重領域

47 FUNABORI

千葉 これも天井を取り去っている点では共通しています。隠してきた屋根裏空間を新しいコンテキストの中に持ち込んでいるあたりがいいなと思いました。

植田 少し中途半端にやってるところが逆にいいですね。仮設的な白いところと、そうではないところと分かれていて。

47 FUNABORI

43 新金岡団地の改修

植田 これは箱をたくさん置いていくという手法ですね。

千葉 平面の計画ではなく、生活に密着した収納をていねいにつくっていくことで、空間全体を地形のように扱っているのがおもしろい。

植田 収納だけではなくて、トイレや洗面も箱として扱っているんですね。

43 新金岡団地の改修

千葉 収納によるランドスケープというアイデアが徹底されているから、収納を新たにひとつ増やしたいと思ったときにうまくいかないんじゃないのかな、というのが少し心配。

植田 でもこれはアイデアとしていいですね。

23 繋がる家

千葉 これは床に穴を開けるということで何かをやろうとしていますね。

23 繋がる家

植田　どこがいいんだろうと、聞きたいと思ってました（笑）。ひかれるところは僕もたくさんあるんですけど。

千葉　全体の説明がわかりにくいですね。周りに建物が密集してるので床に穴を開けて光を持ってくるという説明があるけれど、本当にどれくらい効果があるかはわからない。夜になると、下の部屋の照明によって上の部屋もぼんやり明るくなるとか、そういう連鎖する感じはおもしろいと思いましたが。

植田　それは入れておきたい。

新築ではありえない造形

19　YA-CHI-YO ～価値の再編集～

植田　これは材料を島根県から神奈川県へ運び込んだんですね。

千葉　廃材をいろいろな形で再利用していくという手法は、更新する家というテーマからは、ありだと思いますが。

植田　廃材として燃やすより、輸送によって排出されるCO_2の方が少ないと。そんなことまで徹底して、図解入りで説明していますね。

千葉　元の家はまだそんなに古くもなさそうだから、この場所でもう少しなんとかならなかったのか、という気もします。

植田　古材を使っているけど、民家の美しさとか、そういうものとは違いますね。設計者の別の激情が伝わってくるような。

千葉　廃材を使いながらも、廃材の魅力だけに頼らない空間をつくっている点を評価したいですね。

19　YA-CHI-YO —価値の再編集—

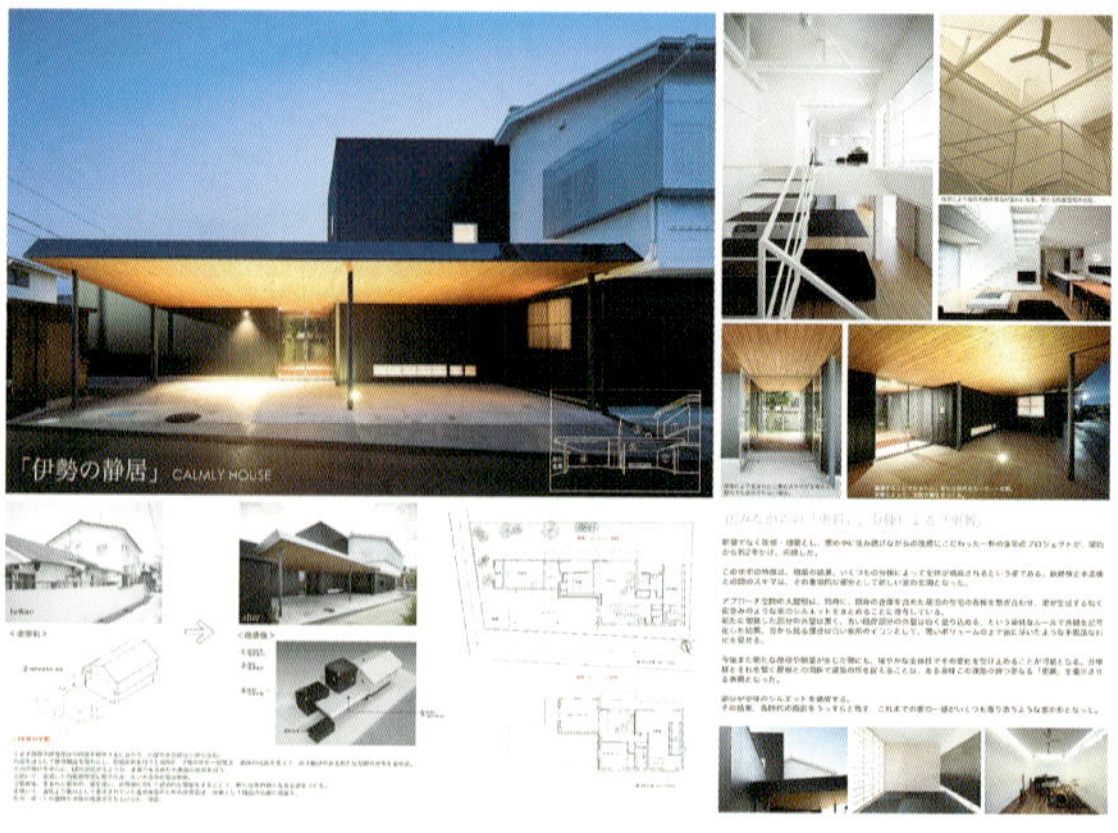

02　伊勢の静居

02　伊勢の静居

千葉　昔の木造家屋は、適当に増改築をやっていましたよね。そういうやり方でもきちんとやれば良い建築になるんだ、ということを示していると思いました。新築ではありえない造形だし、おもしろいですね。

植田　クライアントは喜んでいると思いますね。

千葉　増築のバランスがいいんです。戦後に地元の工務店によって数多く建てられた在来工法の住宅、要するに普通の住宅ですが、それを新しい風景の中に生かして使い続けていくというのはいいことだと思います。

10　本棚の家

10 本棚の家

植田　僕もこれはいいと思いました。

千葉　本棚をつくっただけですけどね。

植田　本棚の奥にお風呂があるというのがおもしろい。

千葉　風景としてユニークですよね。マンションだと通常は、バスルームは見えない空間として押し込んでしまう。それをここでは、良い場所として引っ張り出しています。

都市の中に人知れずあった住宅地

01 C.U.I

植田　これは立地がおもしろいですね。もともと電力施設の裏にある社宅だったという。

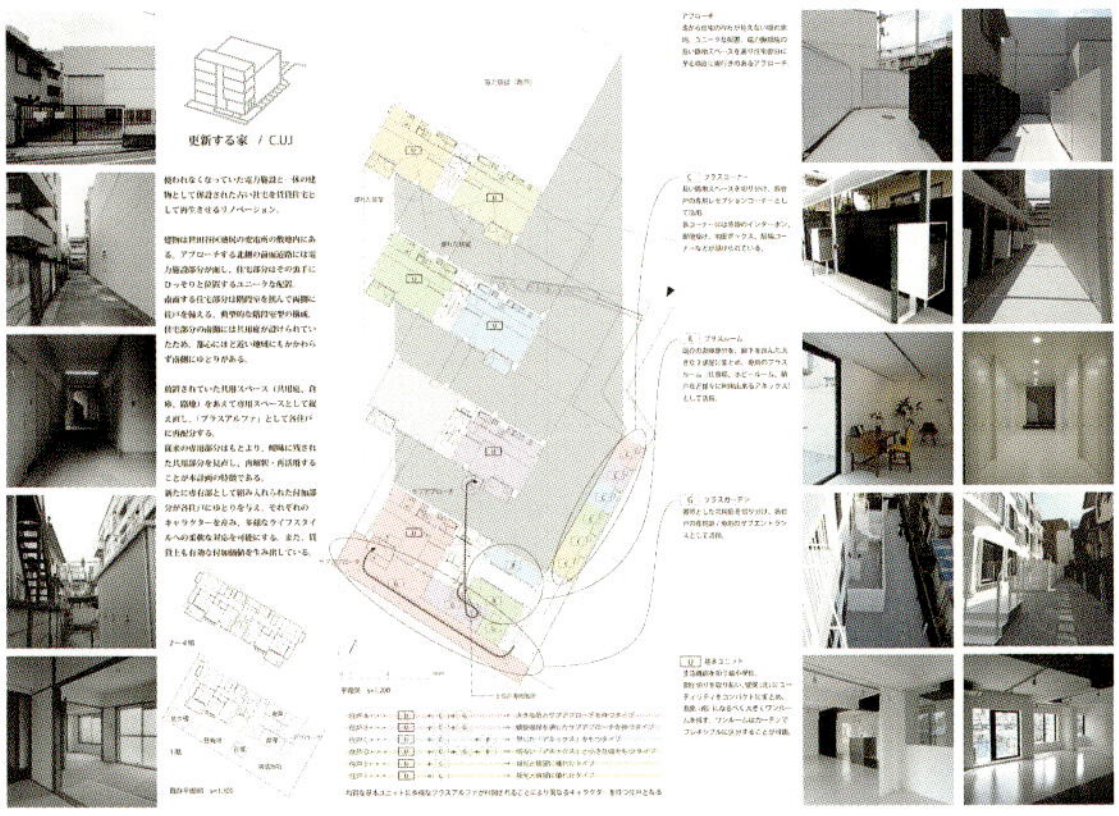

01　C.U.I

千葉　電力施設に寄生するように住宅があったんですね。もともとの設定がおもしろい。

植田　アプローチがいいですね。秘密の通路を入っていくみたいな（笑）。住戸と屋外空間の組み合わせも、細かいところまで考えていますね。

千葉　都心にはこうした不思議な住宅が、まだまだ人知れず存在するんでしょうか。

植田　塚本由晴さんたちが『メイド・イン・トーキョー』で、こうした併設住宅を採り上げていましたよね。

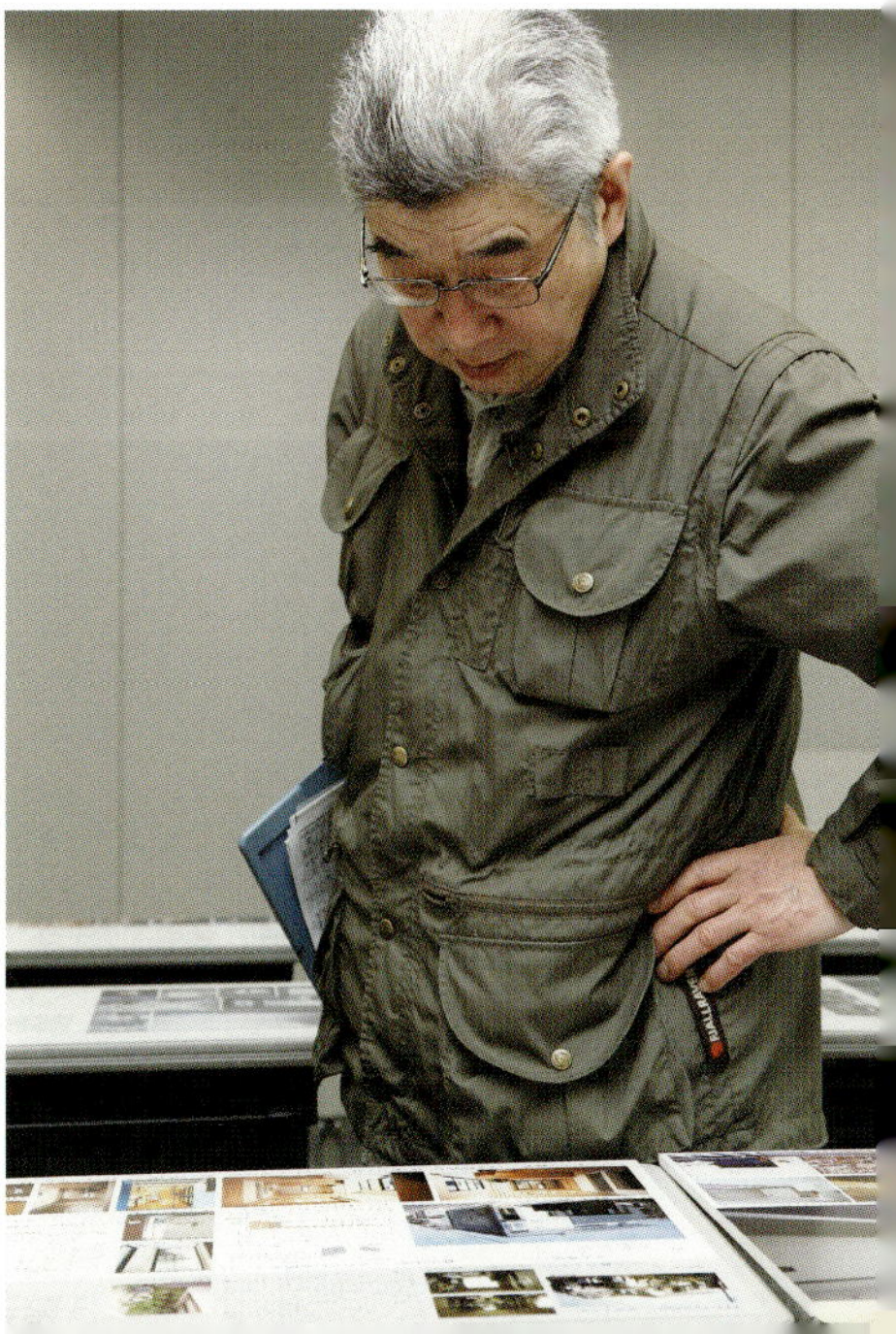

08 COMPACT LUXURY

08　COMPACT LUXURY

植田　これがいいと思ったのは、玄関を入ってすぐのところに、水まわりをまとめて押し込んでいるんですね。

千葉　配列がおもしろいですね。

植田　意外な組み合わせができています。単身者用ならではの住宅になっていますね。

44 借家生活 1,2,3,4…

44　借家生活 1,2,3,4…

植田　この人は、いろいろな場所で隙間を借りては簡単な架構で家を建てているんですよね。しばらく住むと家を畳んで、また別のところに建てる。僕はもう何度か、他の審査会で見ているので、今回は入選候補に挙げなかったのですが、おもしろいとは思います。僕の中では殿堂入り（笑）。

千葉　そうなんですか。こういう住み方は単純にすごいなと思いました。

植田　千葉さんが推すなら入れましょう。

千葉　家具を持ち込んで、それをきっかけにして生活を組み立てていますよね。

植田　今度は、長い敷地を自分で借りて、ギャラリーをつくっています。でも住んでいる方が迫力あります。

千葉　やり続けているところが偉いですね。

58 目黒のテラスハウス

千葉　これは一般的な戸建て住宅で、通常なら敷地を半分にして建て売り住宅を建ててしまうところを、別の選択肢を示しているという点で良かったです。分割する塀も嫌な感じではなくて、コミュニケーションができるような塀になっています。

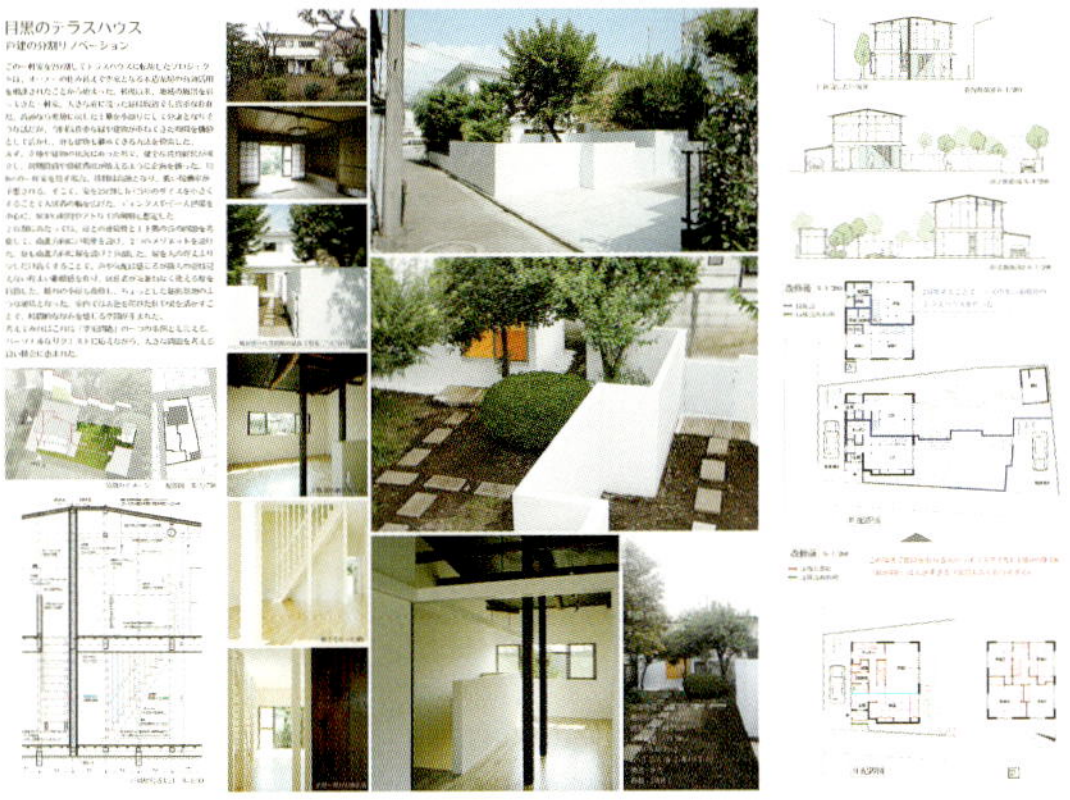

58　目黒のテラスハウス

植田　スマートですね。

千葉　これだったらふたつの世帯で住んでもいいかなと思わせるものがあります。

57　蔦の家

57 蔦の家

千葉　これは屋根裏を見せるという手法を採っていて、47と似ています。

植田　どちらも好きですよ。この小さいキッチン、良いですね。一人暮らしならこれで十分。

千葉　手の付け方がうまいですね。

78 庭の樹々が美しく映えるライトイエローに彩られた空間／東松原の住宅 増築改装

千葉　これは僕が入れたのですが、理由は02と一緒で、ちょっとした増築で新しい風景をつくっている感じがいいなと思ったんです。これくらいの増築だったら、誰でもできそうでしょう。それで効果は絶大という。造形感覚も含めて、なかなかうまいですよね。

植田　吉村順三的なセンスを感じますね。

78　庭の樹々が美しく映えるライトイエローに彩られた空間／東松原の住宅 増築改装

55

仲町の家→早宮の家

植田　住宅をめぐるエッセイともいえそうな、自分が住んでいた家を、それを設計した建築家への尊敬の念を表わしながら更新を繰り返して住み続けています。1950年代に建てられた木造の住宅というのは、増築されることなくほとんどが消滅しているんですが、これは非常にめずらしい例。

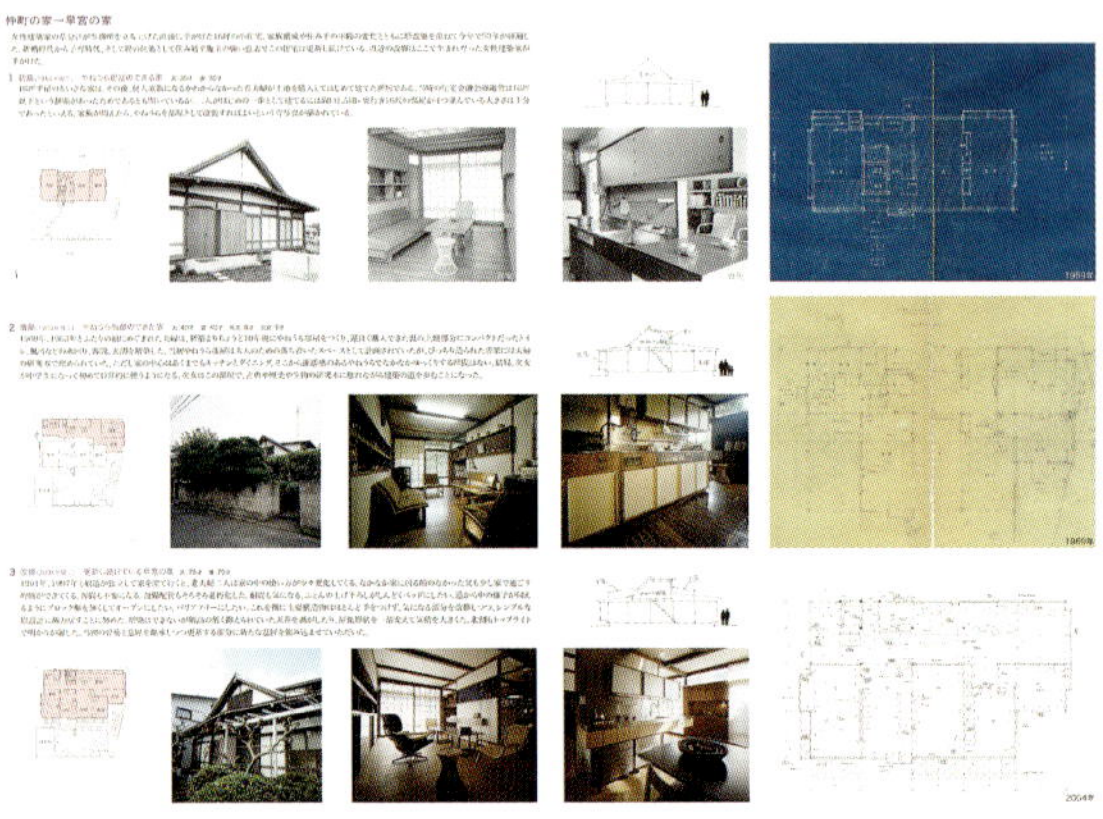

55　仲町の家→早宮の家

人物写真　柳生貴也

入選作品訪問リポート

コンペで入選した作品の中から５つの住宅にお邪魔しました。
実際の空間を設計者に案内してもらいながら、コンセプトや
設計手法を確認。
リノベーションによっていかに住み心地がよくなったのか、
住まい手にも話を聞きました。

取材・文　磯達雄（p.82 ～ 85、p.90 ～ 96）、阪口公子（p.86 ～ 89）
写真　長谷川健太

contents

「FUNABORI」。ダイニングからキッチンを見通

ダイニングルームで談笑するご家族と設計者の駒田さん夫妻。2階はリビング、ダイニング、キッチンがひとつながりになった広くて明るい空間だ。

入選作品訪問 | report 01

引き算で構築した住まい。痕跡もあえてデザインとして生かす

FUNABORI　東京都江戸川区

設計　駒田剛司＋駒田由香（駒田建築設計事務所）

→p.46

象徴的に痕跡を残す

壁のモールディングなど、元の住宅にあった装飾的なディテールをそのまま残している。「新築で設計したら絶対にやらないデザイン」（駒田由香さん）だが、新旧の重ね合わせでおもしろい効果を生んでいる。

右／丁番の掘り跡もそのまま。左／モールディングを残しながらきれいに天井を外した。

設計者の駒田夫妻と現地を訪ねると、招き入れてくれたのは奥さまとふたりのお子さんでした。取材中も、子どもたちは家の中をぐるぐると元気に走りまわっています。１階の子ども部屋と２階のリビングがハシゴでつながっていて、これを登ってきては階段で降りるという運動を繰り返しているのです。

「建設費を予算に合わせて下げる段階で、ハシゴを取りやめる案も出たんですが、やっておいてよかったですね」と駒田由香さんは振り返ります。

この住宅はリフォームして住むことを前提に中古住宅を購入したもので、改築にかける費用は６００万円と限られていました。

「外装を替えるぐらいのことしかできないかな、と思いながらお願いしたんです」と奥さま。それではおもしろくならないから、今あるものを生かしながら全体がよくなるようにしようと、設計者は工夫を凝らしたそうです。

「壁も床も、新しくつくった箇所は１㎜もありません。つくるのではなく、既にあるものをいかに抜いていくか、ということだけを考えました」と駒田剛司さん。

新たに設けられた動線

階段と別に設けられたハシゴが、１階の子ども部屋と２階のダイニングとをつなぐ。動線を複数化することで、空間のつながり方が一挙に豊かになる。子どもたちは登ったり降りたりと大はしゃぎ。

２階の間仕切り壁は取り払われて広いワンルームに。天井も取り払われて、小屋の構造がきれいに見えています。

元の内装には、壁のモールディングや建具、壁紙など、装飾的なデザインが各所に施されていました。駒田さんたちは、それらを消し去ってしまうのではなく、適度に残して取り込み、古さと新しさが混在した空間をつくり上げました。白く塗られた壁も目を凝らして見ると、その下にあった壁紙の模様が残っています。これは塗装する職人に元の壁紙の質感を潰さないように塗ってもらったのだそうです。「きれいに塗りすぎないでください、と職人さんに言いました。そのあたりの指示が難しかったですね」と駒田由香さん。

「期待した以上のリフォームができました」と奥さまも満足されています。

ニュートラルな仕上げで 既存の状態を素直に受け入れる

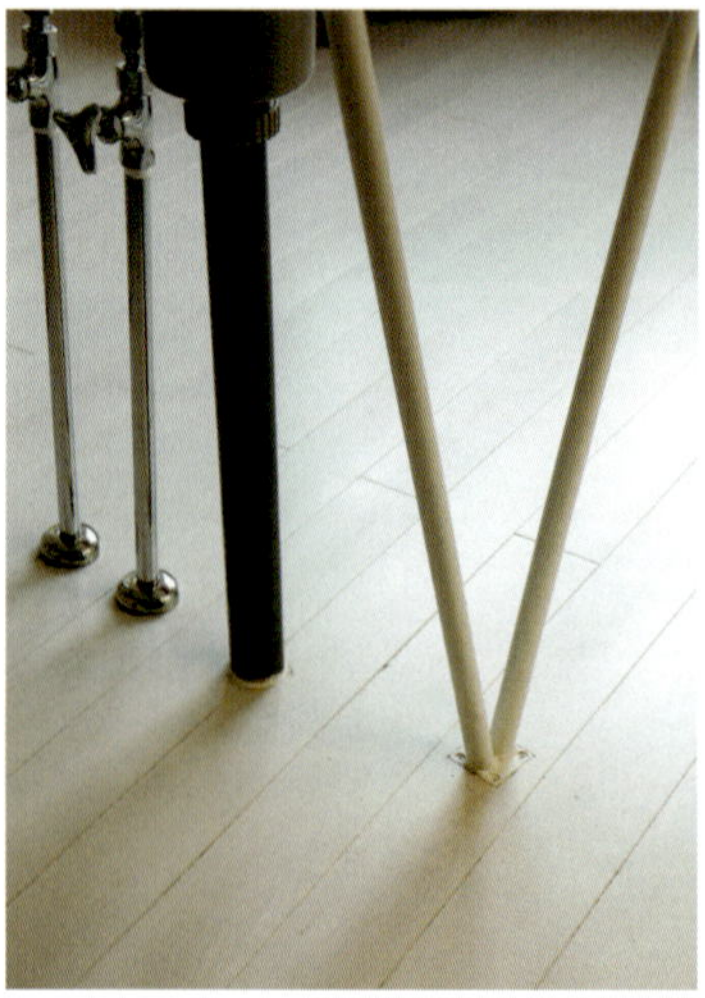

既存の押入れを生かす

上／１階にあったキッチンを２階に移設。コンロなどの器具は再利用し、押入れだったところにはめ込んでいる。下右／既存の構造壁をはさんで、ダイニングテーブルは連続する。下左／シンクと一体になったカウンターは、繊細な脚が軽く支える。

記憶を呼び覚ます塗装

元の壁には、レンガ積みやコンクリート・ブロックなどを模した壁紙が使われていた。それを完全に消し去るのではなく、その痕跡を残しながら塗装している。フェイクだった素材を、塗装によって抽象化し、素材感のみを浮かび上がらせている。

右／キッチンとダイニングを仕切る壁には小窓を切った。斜めの部材は筋交い。中／玄関収納も真っ白に。左／外壁は黒い塗装で落ち着いた佇まいに。

取っ手をアクセントに

既存の収納をほとんど残して使っている。扉は白で塗り込めたが、特徴のある取っ手で空間のアクセントとした。

上／玄関脇のクローゼット。

中／玄関収納。

下／２階のリビング。

あらわになった構造

天井をはがしたり、壁の一部に開口をあけたりすることで、建物の構造体がむき出しになっている。右上／子ども室は２階の床組がそのまま見える。フェミニンな模様のカーテンも意外としっくり。上／ご主人のための寝室は配線まであらわに。右下／ガラス張り床からモールディングのみ残されている様子が見える。

家族同然の付き合いに

右／２週間に１度のペースで監理のために訪問していた髙橋さん。「季節ごとのさまざまなレクリエーションに参加して、本当に暮らしを楽しむとはどういうことか、身をもって学ぶことができました」。

下／鉄骨造の住居棟と木造の防音室をつなぐ玄関。「豊かな玄関になりました」とご主人。

入選作品訪問 | report 02

住人が手を入れ、いつくしみ、家も記憶も継いでいく

伊勢の静居　三重県伊勢市

設計　髙橋元氣＋髙橋つばさ（元氣つばさ設計事務所）

→ p.18

三重県伊勢市、五十鈴川にほど近い集落に立つ住宅。高校でデザインや美術を教えるかたわら、ミュージシャン、アーティストとしても活動するご主人と奥さま、2歳になるお子さん、バイオリニストのお父さまの4人が暮らしています。「祖父の代から何度も改築や増築を繰り返してきました。でも、とても寒くて」とご主人。断熱性能がぜい弱だったのです。そこで改修を決断し、友人のインテリアデザイナーから紹介してもらった、元氣つばさ設計事務所の髙橋元氣さん、つばささんに設計を依頼しました。ご主人と奥さまが結婚を間近に控えた、ちょうど家族構成が変化する2007年のことでした。

事前調査で、「長く住み継いでこられた分、とにかく物があふれていて……。また、度重なる増築で入り口があちこちにあって、動線も複雑に入り組んでいました」と髙橋さんは振り返ります。設計においては、「車が生活に不可欠という土地柄、駐車スペースの確保が重要なポイントになるので、カーポートと玄関からスタートしました」と語ります。

記憶を残して住み継ぐ

上／既存の建物を解体してから新築する方法もあったが、ソーラーパネルを設置したばかりだったことも要因となって、改修を選択。下／ふたつの鉄骨造棟はエキスパンションで接続。2階（写真）は目地を設けたが、1階は一体感を意識して目地なしで納めた。

可動間仕切りで出現する空間

玄関から入って右手に設けられた和室。左／和室の正面の壁は左官仕上げ。上下で塗り方を変えており、上は錫入り、下は鉄入りでグラデーションをつけた。「床の間のように仕立てたかった」と髙橋さん。右上／和室は奥さまの唯一といっていい望みだったという。将来、着付け教室が開けるように、収納には桐箪笥が納められ、扉の裏には姿見が設置されている。下・右下／障子と板襖で仕切ることができる。下写真が閉めた状態。

大きな条件は、ひとつは「住みながら工事を進めること」。改修の段階ごとに、あちらへ、こちらへと引っ越すことに。もうひとつは「住宅性能のアップ」。断熱性能をはじめ、遮音にも気を配りました。

　高橋さんの事務所がある東京と伊勢という遠距離だったにもかかわらず、情報のやり取りにストレスはなかったそうです。ご主人は「身体の延長で空間をとらえられる人だったから」と高橋さん。また、造作に関して日曜大工の範疇を超える腕前で、屋上への可動式ハシゴや庭の塀、布製の日よけもご主人の作なのだそう。「住み手によって更新し続けることが、この家の特徴」というわけです。

　2009年に竣工して、およそ2年。まもなくふたり目のお子さんも誕生予定といいます。生活の変化が訪れることにより、ご主人の創作欲はますますくすぐられるに違いありません。

動線を整え、プランを刷新。生活の流れがスムーズに

固定された外壁の開口部

外壁はほとんどそのまま残すことにしたので窓の位置も変更しなかった。上右／洗面室は既存の窓を生かして鏡の両サイドを開口に。カウンターの右手はフタがつけられて、開けるとSKが現れる。上左／2階の寝室脇に設けられたシャワー室兼トイレ。FRP防水がそのまま仕上げに。ご主人の希望でオーバーヘッドシャワーを設置した。下／断熱と防音を意識して窓は二重サッシュにした。さらに美観と視線を遮るためにパンチングメタルを採用し、内側にはブラインドを取り付けた。

住み手の手で更新する

ご主人によって生み出された造作が生活に潤いをもたらしている。髙橋さんに構想を話し、アドバイスを仰ぐこともあるという。上／屋上への階段はアルミの角パイプを溶接して製作。下／リビングに射し込む西日がきついので、庭に可動式の間仕切りをこしらえた。お子さんが庭でプール遊びをするときには目隠しにも。

ジャズドラマーでもあるご主人、そしてバイオリニストのお父さまのために防音室は木毛セメント板の塗装仕上げ。遠くの音を吸収、近くの音を反射させるため、上下でグラデーションをつけて塗装した。

1階に親世帯、2階に子世帯が住む二世帯住宅です。中古住宅を購入して、世帯ごとの要望に合わせてリフォームしました。2階は大胆な改造でした。

設計依頼を受けたときのことを高田さんはこう振り返ります。「広いワンルームのような空間にしたいとのご希望でした。しかし、

入選作品訪問 | report **03**

大小いくつもの方錐形天井がエリアをつなぎ、空気や気配も通す

高野台のリノベーション／多重領域　東京都練馬区

設計　髙田博章＋中畑昌之（htmn）

➔p.62

上／二世帯住宅の2階に暮らすご家族。右上／「いらっしゃい」と、2階の小窓から顔を出してごあいさつ。普段から「いってらっしゃい」「おかえりなさい」の声が行き来する。

色が変わる方形の天井

下2点／複数の部屋をまたぎながら、方形の天井が新たに架け直された。白く塗られた天井面は、外部の自然光や室内に置かれたものを映して、さまざまな色に変化する。「時刻によって色が変わる天井。見ていて飽きることがない」とご主人。

ツーバイフォーによる壁式構造でしたから、壁が抜けません。どうしたらワンルームに近い空間ができるのか、模索しました」。

髙田さんたちが思いいたった解決策は、壁は壊さず既存の天井を外して、新たに部屋と異なる分け方で方形の天井を架け替えるという方法でした。これによって生まれる壁と天井の隙間が、部屋から部屋へと空気や声を行き来させます。

「建築の内部空間は床、壁、天井で構成されています。これをいったん分解して再構成してみたわけです」と髙田さん。

白い天井面は、外の光を反射してその色が変わります。「青みがかかったり、赤くなったり、時刻によって色が移り変わっていくんです」とご主人の説明。居るだけでも楽しそうな空間です。

この家のヘソとなるような場所が、中央にある廊下のような細長い部屋です。書斎とされていますが、両側の壁には開口があって、リビングと子ども部屋につながっています。

ここに天板を渡すと、リビング、書斎、子ども部屋を貫く長いひとつながりの机ができあがるのです。「部屋は分かれているけど、活動としてはつながっている。そんな体験ができるはずです」と髙田さんは、この開口部の狙いを語ります。

こうした開口部や天井下の隙間で、部屋同士は閉じているけど、周りとつながっている状態が実現しました。「自分は書斎で本を読みながら、リビングで遊んでいる子どもを見ていられる。子育て中の自分には、とても良い設計案でした」と奥さまも喜んでいます。

ヘソとなる空間

上／リビングと子ども部屋にはさまれた細長い空間は、開口と家具で両隣の部屋とつながっている。それぞれの部屋に分かれた家族が、ひとつの机を囲んで読書を楽しむ。

視線の抜けと空間の広がり

キッチン（左）やトイレや洗面脱衣室（下）といった通常なら狭く感じられる場所も、視線の抜けをつくることによって空間に広がりをもたらしている。

1階の玄関から見上げる設計者の髙田さんと中畑さん。

見えないところこそ手を掛ける。視覚的操作もさりげなく

庭の樹々が美しく映えるライトイエローに彩られた空間／東松原の住宅　増築改装　東京都世田谷区

設計　小谷研一（小谷研一建築設計事務所）

→ p.66

直交しない壁

上／１枚の大きな面が現れないように、壁を微妙な角度で折り曲げながらつなげた。それによって、既存住宅に後付けした感じを抱かせず、対等な存在感を増築部にもたせることに成功した。

入り口の目印となる夏ミカン

前面道路から短い階段を上がって玄関へといたるアプローチ。夏ミカンの木が目印だ。

さりげないエキスパンションジョイント

既存部と増築部の境目は、それとはわかりにくいエキスパンションジョイントとしている。一体化した空間に見せながらも、ひび割れなどのトラブルを防ぐ工夫を施した。

私鉄沿線の古い住宅地を歩いていくと、一軒の家の庭に、鮮やかな黄色の夏ミカンがなっています。目指すお宅はそこでした。短い階段を上がって玄関へ。奥さまと設計者の小谷さんが出迎えてくれました。

住宅はもともとが二世帯住宅で、その片方の住戸をリノベーションしたものです。既存部の改装と、庭に突き出すように増築を行いました。アプローチ側から庭が見えにくくなりましたが、これは「あえてやったこと」と、小谷さんは言います。

「立派な庭なので、いったん遮ってから、また見えるようにしました。京都の庭を歩きまわっているうちに考えた方法です」。

玄関を入ると、庭に面して大きな窓がとられています。家の中にいても、緑の木々が間近に見えます。

「外の光がふんだんに入ってきて気持ちがいいです」と奥さまの声。開放感があるので、長く家にいても気詰まりがない、と住み心地を語ります。

リビング、ダイニング、キッチンが一体となった内部空間の特徴は、壁や天井が微妙な角度で折れ曲がりながらつながっていること。平行な箇所がほとんどありません。

「増築を行うと既存部から分離した感じになりがちです。そうならないよう、同じような大きさの面で空間全体を覆いました」と、その意図を小谷さんが説明します。

内部空間のもうひとつの特徴は、黄色味がかった色が壁や天井に塗装されていること。若い建築家は白で仕上げることが多く、色を使うことは滅多に見られません。しかし今回、小谷さんは色にチャレンジしました。

「色が着いていた方が、光の当たり方によってさまざまな階調が生まれます。すべての壁、天井を同じ色で塗ったのに『ここは何色？』とも聞かれました」。ところで、どうしてこの色を？　小谷さんは、窓の外の夏ミカンをそっと指さしました。

訪問には審査員の植田実さんも同行、「とても巧みな設計だね」。右手前は設計者の小谷さん。

ステンレスサッシをつくり込む

木々が生い茂る庭に面した大きな窓には、設計者が独自にデザインしたステンレスサッシが使われている。右上／室内側。左上／外側の上部。左下／外側の下部。

意外性のあるアプローチ

1／前面道路から住宅らしい建物はまったくみることができない。2／電力施設の脇をすり抜ける細い通路を入っていくと、長い路地状のスペースがあり、そこに住戸ごとのインターホン、郵便受け、宅配ボックス、駐輪コーナーが設けられている。3／1階の住戸専用のアプローチ。4／いくつかの住戸には専用の庭やトランクルームもある。5／2階の住戸専用の階段上から1階の専用庭を見下ろす。

1

2

3

入選作品訪問 | report 05

住戸への期待感を刺激する、アプローチのシークエンス

C.U.I　東京都世田谷区

設計　中佐昭夫（ナフ・アーキテクト＆デザイン）

➔p.14

4

5

そこは住宅街にある電力施設でした。集合住宅があるとは想像もできない前面道路側から、細い通路を入って建物の脇へまわると、郵便受けとインターホンが並んでいる不思議な外部空間に出ます。

そこを抜けて共用の門扉を開けると、ようやく賃貸住宅の入り口がありました。今回の訪問では、1階の住戸にお邪魔させていただくことになりました。

お住まいになっているのは出版社に勤務しているHさん。この賃貸住宅のことは、リノベーション物件の情報を集めたウェブサイトで知ったといいます。

これまでもデザインに優れた賃貸住宅を好んで住んできました。選ぶ対象は新築の物件のみですが、「この住宅は、躯体だけ残して、それ以外はすべてリノベーションされているので、新築と同じ」ととらえたそうです。

内部に入ると、廊下から一段下がったところに床がありました。そこにソファやテーブルが並んでいます。

設計した中佐さんによれば「45年以上前に建てられた建物なので、梁下が低くて少し窮屈なんです。それで1階だけは床を下げて、天井高を稼ぎました」との説明。

そのほかにも他の住戸にはないオマケが付いています。それは専用の広い庭です。「引っ越してきた当初は、庭でバーベキューをやりました」とHさん。都心ではめったにない、良好な環境の住宅に感じられました。

社宅としては長く使われていなかった時期もあったそうですが、それは確かにもったいない話。都心にはまだまだこうした人に知られていない好条件の住宅地があるということなのでしょうか。

「電力施設の建物なので、構造も非常に頑丈にできています」と中佐さん。大きな地震が来ても、棚に置いたものが少しも崩れなかったそうです。

1階の住戸で建物の解説をする設計者の中佐さん。

床を掘り下げて空間に変化を

１階の住戸では、既存の床を一部取り去り、床面を下げることにより天井高を上げた。室内に生まれる段差は、ワンルームの室内を緩やかに分けて空間に変化をもたらす効果も。

カーテンによる自由な間仕切り

間仕切り壁をなくして、空間はカーテンで仕切るようにした。住む人によって、自由に間取りをつくり替えることが可能だ。レールは存在感を消すためにごくシンプルなものを選び、梁下の出隅に取り付けた。

既存サッシュを消す

目障りにならないよう既存のサッシュを隠すディテールのデザインを工夫した。建具枠はなく、框も見えないので、室内からは専用庭が美しく目に飛び込んでくる。

更新する家の系譜

［総論］

戦後日本におけるリノベーション住宅

——大家健史（建築ライター）

古来より家を更新する行為は当たり前のように行われてきた。増改築、解体材の再利用、移築、転用、そうした営為の連続によって都市や街並みはつくられた。住宅の更新の歴史とは、人の住まいの歴史そのものであるともいえる。だが、その歴史にはたびたび転換を余儀なくされる時期があった。

スクラップ・アンド・ビルドへの批判

日本における最大の転換期は、戦後の高度経済成長期であろう。戦後の焼け野原から復興した１９５０～60年代の高度経済成長期、スクラップ・アンド・ビルドによって次々と建物が壊され、建設された。

そうした時代の中で、将来の更新を前提とした未来都市像を提唱した建築運動があった。黒川紀章氏、菊竹清訓氏らによる「メタボリズム（新陳代謝）」だ。急激に拡大していく都

contents

文　磯達雄（p.100～102、p.104～105）、大家健史（p.102～103、108～110）、小園涼子（p.106～107）

市の中で、空間や設備を取り換えながら生物のように新陳代謝をしながら建築を更新していく。菊竹清訓氏の自邸である「スカイハウス」（1958年 p.100）はそれを実践した先駆的な作品だ。メタボリズムについては、近年、リノベーション的視点から再評価の兆しもある。

1970年代になると、建築家たちは都市から撤退し、小住宅の設計を始める。その頃につくられた住宅は、更新されながら今も大切に住み継がれている名作が多い。中でも異彩を放つ住宅が、鯨井勇氏の「プーライエ」（1973年 p.102）と木島安史氏の「孤風院」（1976年 p.104）である。鯨井氏は民家や米軍ハウスの解体現場の廃材を再利用して、セルフビルドで自邸をつくり、木島氏は明治41年に建てられた講堂の部材を引き取り、移築・減築によって自邸を設計した。当時は、高度経済成長期の建設ラッシュによって、重要な建築が次々と壊されており、歴史家による保存運動も盛んだった。開発か、保存か。そうした二項対立が叫ばれる中で、両作品の批評性は際立っていた。

リノベーションとコンバージョン

1980年代のバブル期、スクラップ・アンド・ビルドの流れはさらに拍車がかかり、都市の開発は拡大していった。その一方で、住宅の増改築に「リフォーム」という言葉が使われ、一般的なものとなっていた。しかし、リフォーム工事の多くが建物の修繕や補修にとどまっており、住宅のお色直しというイメージが強かった。

バブル崩壊後の1990年代後半、新たな時代を予感させる建築が誕生する。宮本佳明氏の「『ゼンカイ』ハウス」（1997年 p.106）だ。阪神・淡路大震災によって全壊判定を受けた木造長屋を鉄骨で補強し、再生した事例である。まるで建築にギプスをはめたような痛々しい姿にしてまで住宅を更新しようとする試みは物議を醸した。

その後、開発と保存という二項対立ではなく、両者を媒介する第三の手法として、「リノベーション」が急速に注目を集めるようになった。既存の空間や物を活用して、「時間」という要素を取り入れた、新築では実現できない新しい建築を生み出す手法だ。

また、時を同じくして、用途変更を意味する「コンバージョン」という言葉もさかんに使われるようになった。東京都心の巨大開発により既存ビルの空室率増加などを引き起こすとされた「2003年問題」を契機に、増加するオフィスビルの空室を住居へ転用する手法が注目を集めたのである。

住宅の更新とは何か

2000年代になると、建築家によるリノベーション作品が建築系雑誌をにぎわすことも多くなり、リノベーションを得意とする建築家も増えていった。その中でも、青木茂氏は出色の存在だ。自身の建築の再生手法を「リファイニング建築」と名付け、リノベーションが注目される前から、数々のリファイニング建築を手がけてきた。既存のマンションを一棟丸ごとリファイニングした「IPSE都立大学」（2005年 p.108）では、集合住宅更新の新たな可能性を示している。

一方で、若い建築家がリノベーション作品から建築家としてのキャリアをスタートさせ

年	更新する家	社会の動き
1950	**「スカイハウス」**（菊竹清訓、１９５８年） 「上小沢邸」（広瀬鎌二、１９５９年）	
1960		●高度経済成長期
1970	「林・富田邸」（富田玲子ほか、１９７２年） **「ブーライエ」**（鯨井勇、１９７３年） **「孤風院」**（木島安史、１９７６年）	
1980		●バブル期
1990	「住居No.15」（内藤廣、１９９３年） 「実験集合住宅 NEXT21」（大阪ガスNEXT21建設委員会、１９９３年）	●バブル崩壊
1995	**「『ゼンカイ』ハウス」**（宮本佳明、１９９７年） 「S-tube」（納谷建築設計事務所、１９９９年）	●阪神・淡路大震災 ●リノベーションやコンバージョンに注目が集まる
2000	「ミツモン荘」（アトリエ・ワン、２０００年） 「世田谷村」（石山修武、２００１年） 「湯島もみじ」（中村政人ほか、２００２年） 「メガタ」（小泉雅生／C＋A、２００３年） 「ラティス青山」（竹中工務店ほか、２００４年） 「VOXEL HOUSE」（ISSHO ARCHITECTS、２００４年）	●２００３年問題
2005	**「IPSE都立大学」**（青木茂建築工房、２００５年） **「木挽町御殿プロジェクト」**（納谷建築設計事務所、２００５年） 「民家再生計画」（三分一博志ほか、２００５年） 「求道学舎リノベーション」（近角建築設計事務所、２００６年） 「『ハンカイ』ハウス」（宮本佳明、２００７年） 「奥沢の家」（長坂常、２００９年） 「大森ロッヂ」（ブルースタジオ、２００９年）	●姉歯事件 ●リーマン・ショック

CASE 01

CASE 02

CASE 03

CASE 04

CASE 05

CASE 06

る例も増えてきた。納谷建築設計事務所の納谷学氏と納谷新氏は、たとえマンションの一室の小さなリノベーションであっても、明快なコンセプトで空間を劇的に更新させ、建築作品に昇華させた。「s-tube」（１９９９年）や「木挽町御殿プロジェクト」（２００５年 p.１１０）など、数多くのリノベーション作品を発表し、注目を集めた。

リノベーションやコンバージョンは、エコロジーやサステイナブル社会など、環境的な問題を重視するようになった近年の世界的な時代の変化とマッチして、日本の社会に受け入れられ、一気に浸透した。さらに、こうした動きに着目した不動産ビジネスなども生まれた。

現在、２０００年代前半の一時的なブームが去り、リノベーションは定着して、当たり前のように行われるようになった。しかしながら、巨大化したリノベーション産業は、スクラップ・アンド・ビルドによる開発手法が困難になってしまった現代の新たな開発手法の役割を担っているとの批判もある。今こそ、住宅の更新とは何かを考える、新たな転換期にさしかかっているのかもしれない。

CASE 01

ユニットの取り替えで「メタボリズム」を体現

スカイハウス｜東京都文京区｜1958年｜設計 菊竹清訓

高台からスカイハウスを見下ろす（写真／川澄明男）

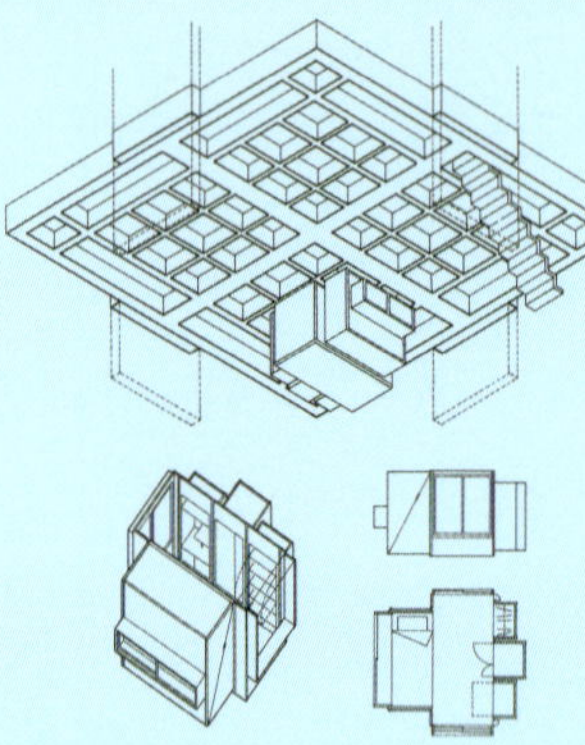

子ども室ムーブネットアイソメ図

子ども室ムーブネット
（写真提供／菊竹清訓建築設計事務所）

1960年に「メタボリズム（＝新陳代謝）」を標榜する建築家のグループが現れた。彼らは、生物のように成長しながら、時代の変化に対応する都市や建築の新しい在り方を探って、世界中から注目を集めた。黒川紀章氏、槇文彦氏らとともにそのメンバーだったのが菊竹清訓氏である。

スカイハウスは、彼の自邸として建てられたものだ。運動としてのメタボリズムが世に出る前の作品だが、その思想は先取りされていた。

この住宅はまず夫婦ふたりが暮らすための住宅として新築された。建物は平屋で、一辺10mの正方形をした平面をとっており、上にはコンクリートの曲面によるシェル構造の屋根が架かる。これが4枚の壁柱によって、地上6.6mの高さにまで持ち上げられている。

内部は間仕切りのない一室空間だ。そこにキッチンとトイレ、浴室が、外側に飛び出るような格好で付属している。これは老朽化しやすい水まわりをユニット化し、交換しやすいようにするというアイデアだ。

外観（写真提供／菊竹清訓建築設計事務所）

建築データ

主要用途	住宅
敷地面積	247.34㎡
構造	鉄筋コンクリート造
規模	地上２階
設計	菊竹清訓
施工	白石建設
施工期間	1957年9月～58年4月

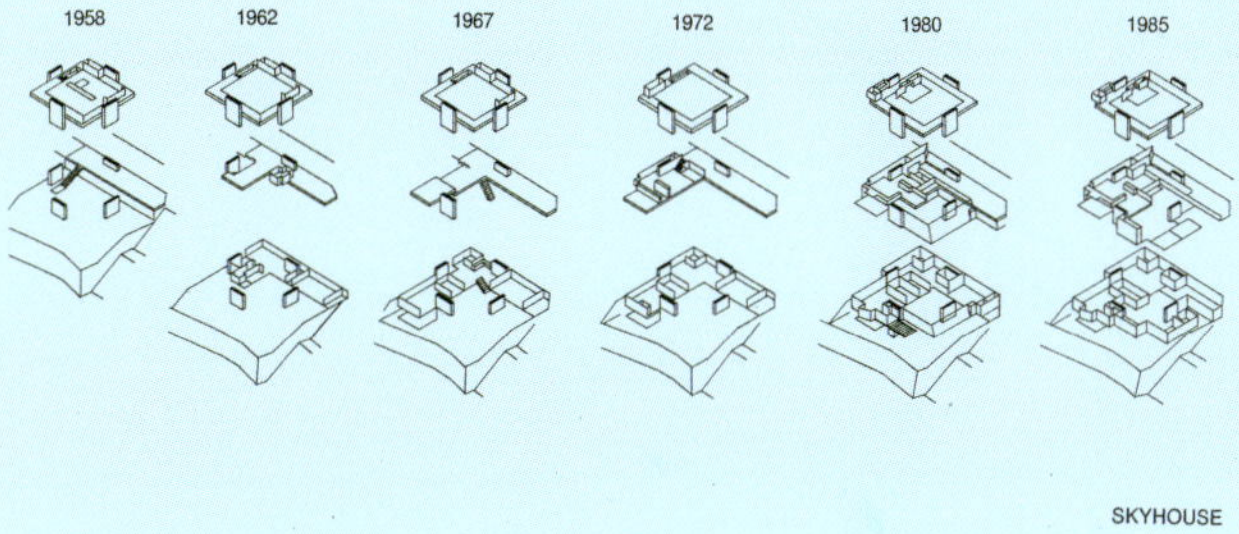

スカイハウスの変遷

こうした更新可能なユニットを菊竹氏はムーブネットと名付けた。

さらに卓越した発想が子ども室の扱いだった。子ども室が必要になったときに、ピロティの空間にぶら下げるように増築することを計画したのだ。子ども室もムーブネットのひとつという扱いである。

菊竹氏はこのように構想し、実際に、家族形態や生活方式の変化に合わせて、建物を更新していった。そして竣工後50年が過ぎた現在も、氏の家族はこの住宅に住み続けている。

菊竹氏がこうした「更新する家」の発想を得たのは、建築家として活動を始めたばかりの頃に、木造建築を解体し、その材料を転用して新しい住宅をつくるという仕事をひたすら繰り返した経験からという。建築の未来を描き出したメタボリズムの建築には、日本建築の伝統技法が下敷きになっていたというわけだ。

工事中の様子

建設前の敷地

1973年の外観

CASE 02

建築解体現場の廃材を再利用してセルフビルド

プーライエ ― 東京都東村山市 ― 1973年 ― 設計 鯨井勇

古い民家や土蔵、米軍ハウスなどを解体した建材を再利用して、設計者である鯨井勇氏が夫人とともにセルフビルドした自邸である。プーライエとは、フランス語で「鶏小屋」という意味だ。

鯨井勇氏が大学の卒業制作として設計し、東京・東村山のひな壇状に造成した住宅地の一画で自力建設を開始したのは1972年。最初は、小さなトラックを買って、建築の解体現場をまわって、廃材を分けてもらったという。例えば、明治8年に上棟した農家から、梁7本と棟木6本などを入手。土蔵からは板材や階段、タンスや火鉢、お皿までもらってきた。また、戦後すぐに建てられた米軍ハウスからは柱材、梁材、床材、スレート瓦などを集めた。

基本的には、日本の伝統的な工法で建てられた民家の建材を構造体として再利用し、そこに合理的な工法で建てられた米軍ハウスの建材を組み合わせて全体を構成している。米軍ハウスで、トラス工法の小屋組に使われていた材は横架材として活用し、スレート瓦も屋根に再利用。土足生活の床材

1985年の増築後、プーライエを庭側から見る。左手前は1976年に増築したプレハブアトリエ

建築データ

主要用途	住宅
敷地面積	201.39㎡
延床面積	51.5㎡（新築時）、85.05㎡（増築時）
構造	木造
設計	鯨井勇
施工	鯨井勇 直営＋円建設、佐奈建設（増築時）
施工期間	1972年4月～73年10月（新築時）、 1984年8月～85年4月（増築時）

（写真／鯨井勇）

増築後の外観

1985年の増築工事

に使用されていたブナの乱尺フローリング材も活用した。給湯器やその他の設備機器類もすべて再利用品だ。延々と続く解体材のくぎ抜き作業を含め、大工に指導を受けながら行った建設行為は1973年秋まで続いた。

夫妻が生活するようになってからは、敷地内に木々を植え、畑を耕し、野菜づくりを始めた。建設で残った木材は、ストーブの薪5年分になった。その後、1976年にプレハブアトリエを離れに増築。10年が経った頃、下見板の外壁材が傷み始めた。また、手狭になり、来客のための広間をつくるため、プーライエ本体を増築することに。ちょうど、使わなくなった設備機器や家具、見本用の仕上げ材などを手に入れることができたため、1985年に増築を行った。

プーライエは、住まい手が自らの手で家を更新し続ける希有な事例だ。建築の廃材を再利用し、自分たちの生活に合わせて巧妙に再構成することで、とても豊かな住環境をつくり出している。

CASE
03

築70年の講堂を移築して単身者用の住宅に転用

孤風院｜熊本県阿蘇市｜1976年｜設計 木島安史

孤風院外観

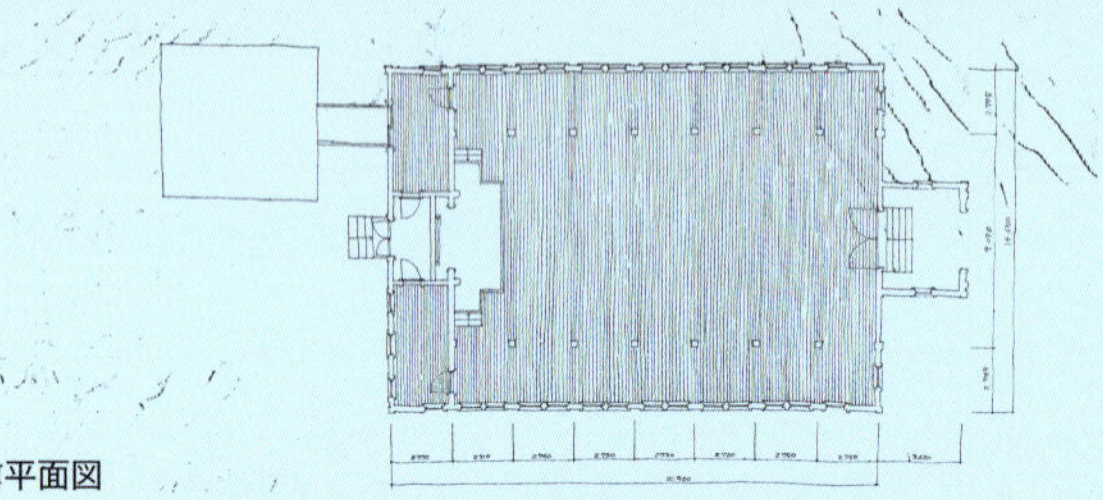

改修前平面図

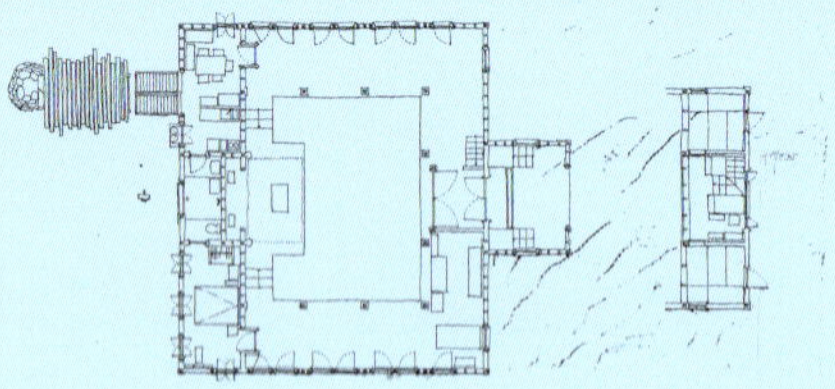

改修後平面図

設計者の木島安史氏は丹下健三氏の事務所などに勤めた後、独立して東京にYAS都市研究所を設立。建築家として活動しながら熊本大学工学部の助教授を務め、東京と熊本の間を、往復する生活を行っていた。

そんな中で、熊本大学の講堂が老朽化を理由に解体されることになる。大学での保存を望んだ木島氏だったが、それがかなわないと知ると、驚くべきことにこの建物を個人として買い取り、移築して自分の住まいとすることを決断したのだ。1975年のことである。

建物は1908年、熊本高等工業学校の講堂として建てられたものだった。西洋風を模したバシリカ式の木造建築で、戦後は熊本大学工学部の施設として長らく使われていた。

解体された講堂は、阿蘇山のふもとにある大自然を背景にした新たな敷地で、単身者用の住宅としてよみがえる。転用にあたっては、平面的な操作を行った。もともとは長方形だったものを、長手方向を縮めることによって、正方形の平面に変えたのであ

玄関から見た広間

建築データ

主要用途	講堂→住宅
敷地面積	957㎡
建築面積	193.5㎡
延床面積	219.35㎡
構造	木造
規模	地上2階
設計	木島安史
施工	水上建設
施工期間	1975年9月～76年8月

（写真／淺川敏）

内観

る。狭くなったとはいえ、講堂の形式はほぼ残しており、舞台や列柱が備わる天井の高い広間は、とても住宅のスケールとは思えない。それがこの建物のほとんどを占めている。キッチンは舞台の裏に、寝室は2階の小部屋に、ささやかに付されている。

木島氏は1992年に55歳の若さで没する。それを予感していたわけではないだろうが、この建物に孤風院と名付けていた。「コフィン=棺桶」の意味をかけたものである。主を失った住宅だったが、その後もこの建物は、生前の木島氏を慕う人たちによって維持され、ワークショップやレクチャーなどの会場として使われている。

設計者が記したこの建物のデータには「用途=なし、工期=現在も継続中」とあった。住宅とは何か？　という問いを、孤風院は今も我々に投げかけている。

CASE 04

全壊判定を受けた長屋を補強してアトリエに

「ゼンカイ」ハウス―兵庫県宝塚市―1997年―設計 宮本佳明

鉄骨補強工事の様子

阪神・淡路大震災直後の建物の状態

構造模型

改修後の外観。建物奥では以前からのキッチンがそのまま使われている

1995年の阪神・淡路大震災で「全壊」判定を受けた、宮本佳明氏の自宅だった築95年の長屋を修復し、アトリエとして再生したプロジェクト。被災した住宅の在り方について、議論を巻き起こした作品である。

震災後、全壊判定を受けた建物のほとんどが公費解体制度によって解体され、多くの人びとが修繕よりも建て替えを選択した。この制度を用いれば解体はタダだったが、修繕については公費負担制度がなかったために、一般には「全壊判定=解体」が当たり前となっていたという。これに対し、自分が生まれた家を何としても壊したくない、修復して住み続けることで、建築家として意義申し立てをしたいという想いから、「再生」の道が選ばれたのである。

木造2階建ての4軒長屋は、区分所有物件として全体が全壊判定を受けた。しかし被害が甚大だったのは、自宅に隣接した端部の1戸のみ。これを切り離して解体し、自宅部分を補強することで、残った3軒長屋全体の耐震性を確保する計画だった。解体した隣家を所有していた不動産業者が、

改修後の内観。階段下には上部へ増築する将来計画の構造体模型が置いてある

建築データ

主要用途	住宅→アトリエ
敷地面積	55.97㎡
建築面積	44.85㎡
延床面積	88.78㎡
構造	木造＋鉄骨
規模	地上2階
設計	宮本佳明
施工	中武建設工業
施工期間	1997年5月～12月

（写真／宮本佳明建築設計事務所）

中庭状の土間に置かれた巨大な組み柱

改修後の内観。建物を貫通する鉄骨

長屋全体を公費解体し、マンション建設を目論んでいたため、実際の修復工事に取りかかれるまでに2年を要したが、その間に自身のアトリエを移転して使い始めている。

隣家の解体後、本格的な補強方法として考え出されたのが、木造軸組をそのまま残し、新設する鉄骨フレームに緊結していくという試みである。「木造軸組は構造体としての役目を終え、住まい手と震災の記憶をとどめた『造作』となって生き続けることになる」（『「ゼンカイ」ハウスが生まれたとき』2006年　王国社刊）。室内を斜めに飛び交う鉄骨は、愛着のある床壁や階段を残し、人の動線を避け、必要な建具の開閉を確保した結果であるが、その迫力ある様相は、再生された建築の力強さを感じさせる。

実はこの鉄骨、少し過剰に組み込まれている。現在も宮本氏のアトリエとして健在だが、今後100年の寿命を目指すことのほかに、さらに上への増築という構想も下支えしているのだ。

CASE

05

リファイニングで現代の生活にふさわしく

IPSE都立大学｜東京都目黒区｜2005年｜設計 青木茂建築工房

リファイニング前の外観

リファイニング後の外観

ディベロッパーによるマンション再生事業として、築36年の5階建てマンションを青木茂建築工房が「リファイニング」した。リファイニングとは青木氏が提唱する環境配慮型の建築再生技術のこと。老朽化した建物の80％を再利用しながら、建て替えの60〜70％のコストで大幅な意匠の転換や用途変更、耐震補強を可能にする。

既存建物は、外壁のタイルのはがれや、設備の劣化、耐震性能などの問題があり、また、間取りが現代のライフスタイルに合わないものになっていた。さらに、高さなどの既存不適格部分が存在していたため、建物を壊して建て直した場合、現在の床面積や高さは維持できない。そこで、建築確認申請の対象工事とならない範囲の計画としつつ、いかにこの建物を再生できるかがテーマとなった。

外観は、既存建物の保護と印象を一新するため、ファサード全体をガルバリウムの折板で覆った。耐震補強のため、柱と梁を炭素繊維で補強し、1階に耐震壁を新設している。

リファイニング後の住戸の内観。間取りはワンルーム型

リファイニング後の住戸の内観

建築データ

主要用途	集合住宅
建築主	モリモト
敷地面積	339.33㎡
建築面積	238.74㎡
延床面積	1,539.35㎡
構造	鉄筋コンクリート造
規模	地下1階地上5階
設計	青木茂建築工房
施工	五洋建設
施工期間	2004年7月～05年1月

（写真／イメージグラム）

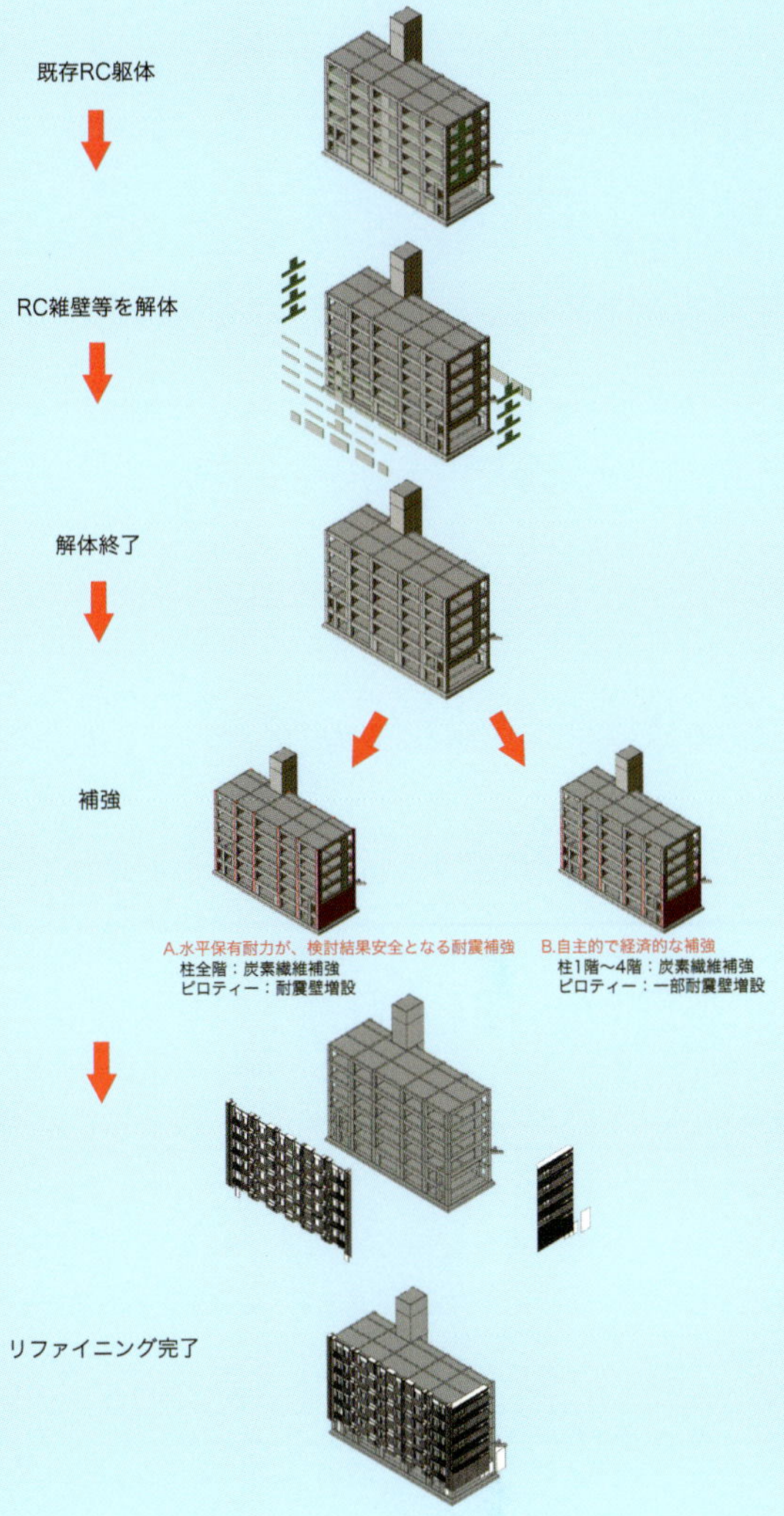

リファイニングダイアグラム

総住戸数を維持しながら、和室中心であった居室の構成をワンルーム形式へと変更。設備の納まりを工夫することで天井高を確保した。水まわりについては、今後の設備の更新も視野に入れ、キッチンの構成部品をすべて交換可能とし、排水管も廊下側に移した。また、建物全体で快適な住環境を実現するため、1階エントランスなどの共有部も一新し、利便性を向上。現代のライフスタイルに順応した集合住宅に更新した。

この建物の計画を対象に、東京大学と首都大学東京による解体調査が行われた。その結果は、建て直した場合と比較すると、廃棄物の排出量は44%、CO_2の排出量は17%になっている。これにより、環境に配慮した再生事業として、良好な環境評価を立証した。現行法規の問題点を浮き彫りにしながらも、既存マンションのストックを生かした新たな居住環境をつくることは可能なのである。

CASE 06

フレキシブルな住空間にコンバージョン

木挽町御殿プロジェクト｜東京都中央区｜2005年｜設計 納谷建築設計事務所

● 改修後のリビング。バーティカルブラインドで空間が仕切られている

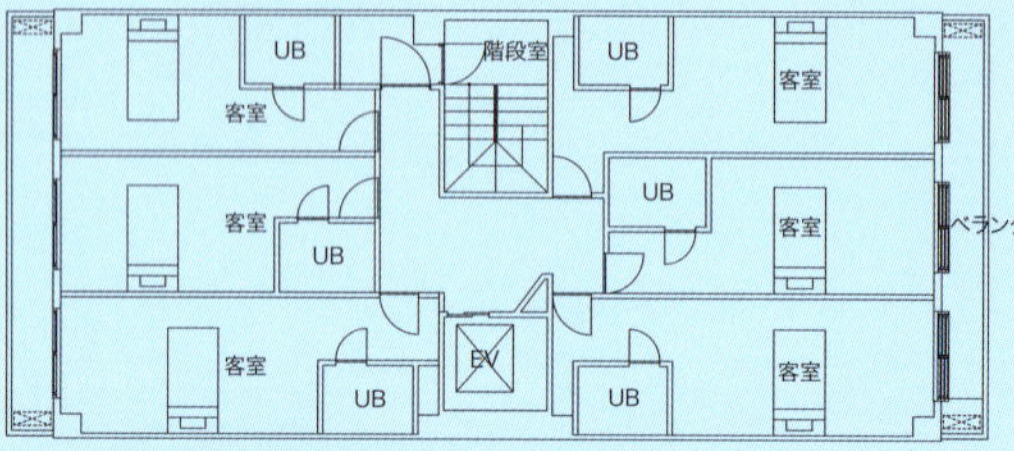

● 改修前平面図

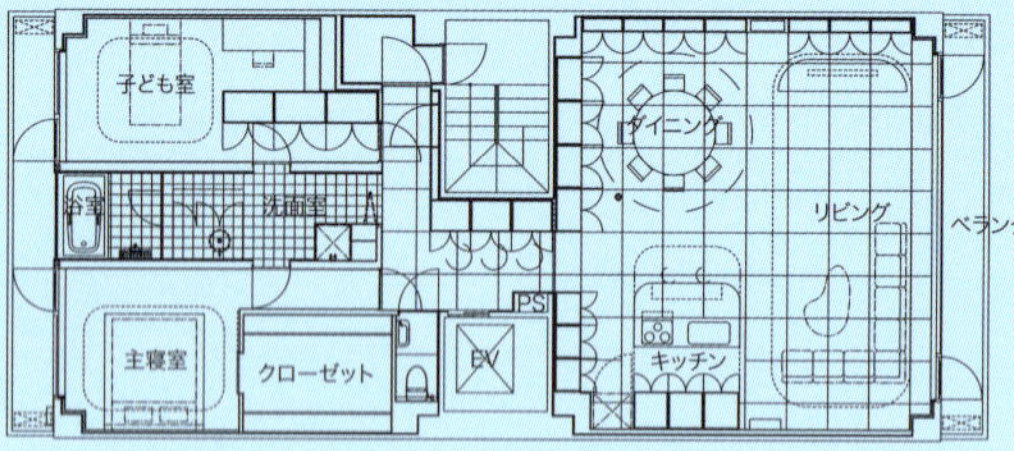

● 改修後平面図

東京・銀座にある築約30年のビルの改修例である。ビジネスホテルとして使われていた建物を、ワンフロアごとにコンバージョン（用途変更）するプロジェクトだ。6階はオーナーの住居となる。改修設計にあたったのは納谷建築設計事務所。

長方形のプランは、ほぼ中央にエレベーターと直通階段があり、フロアを東西に二分していた。改修前はこのコアゾーンの両サイドに6つの客室があったが、間仕切りをすべて解体。新たなプランでは、パブリックゾーンとプライベートゾーンで振り分けた。

東側部分は、リビング、ダイニング、キッチンなどを含むパブリック性を含むワンルーム。来客の多いクライアントに配慮してのことだ。天井高は2000㎜とやや低い設定だが、300㎜の折り上げ天井によって領域を3つに分けている。さらにカーテンやバーティカルブラインドを用いて間仕切りとした。これらは簡単な操作で動かせるので、住まい手の使い勝手や気分次第で自由に領域を確定できる。空間をフレキシブルに変換できる装置というわけだ。

ダイニング側からリビング、キッチンを見る

建築データ

主要用途	ビジネスホテル→住居
延床面積	135.95㎡
構造	鉄骨造
規模	地上８階建てのうち６階部分
設計	納谷建築設計事務所
施工	田工房
施工期間	2005年２月～５月

（写真／高山幸三）

浴室

子ども室

もう片方の西側部分はプライベートゾーンと位置づけ、寝室、子ども部屋、サニタリーなどを配置。東側とは異なり、ひとつひとつの空間が独立した構成になっている。

「木挽町御殿プロジェクト」は、改修前の画一的な空間を、新しい住まい手のライフスタイルに合わせて更新し、その後も住まい手自身が空間を変化できるように間仕切りに可動性を持たせている。ひとつの空間に対して限定した用途を与えるのではなく、さまざまな用途に使える空間をつくる。こうした改修の手法は、一昔前のライフスタイルに合わせてつくられた多くの建物の改修に応用できる。とくに、十分な広さを確保できない上に、nLDKで細かくプランニングされた都心の建物に有効な手法といえる。

風化を建築の仕上げととらえる

『時間のなかの建築』

モーセン・ムスタファヴィ、デイヴィッド・レザボロー著／黒石いずみ訳
鹿島出版会刊（1998年8月）
定価2,940円

建築の風化を主題にしたエッセイである。風化は建築の「劣化」ではなく、最終的な「仕上げ」なのだという。味のある風合いをもつ建築を新築でつくるのは難しいが、時を経た建築を扱うリノベーションならば可能だ。

リノベーションを取りまく動向を追う

『リノベーション・スタディーズ』

五十嵐太郎+リノベーション・スタディーズ編
INAX出版刊（2003年4月）
定価2,100円

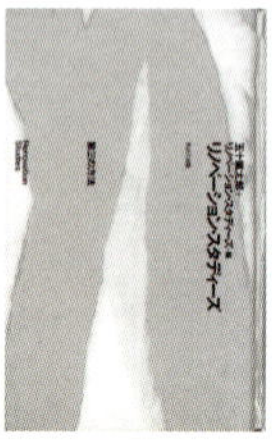

リノベーションをテーマとした連続シンポジウムの記録である。ガソリンスタンド、青山同潤会アパート、団地、海外事例、敷地、町家、カルロ・スカルパなどをテーマに議論し、理論的な問題を掘り下げている。

コンバージョンの世界的潮流を紹介

『世界のコンバージョン建築』

小林克弘、三田村哲哉、橘高義典、鳥海基樹著
鹿島出版会刊（2008年4月）
定価3,570円

アメリカ、イタリア、オーストラリア、ドイツなどにおける最新コンバージョン建築事例として90余作品紹介している。ビジュアルが豊富なので、コンバージョンになじみが薄い日本人にもイメージしやすい。

歴史ある建築再生のドキュメント

『求道学舎再生　集合住宅に甦った武田五一の大正建築』

近角よう子著
学芸出版社刊（2008年5月）
定価2,520円

建築家・武田五一が設計した学生寮を、80年を経て集合住宅に再生したプロジェクトである。いくら歴史のある建物とはいえ、廃墟同然の建物を実際によみがえらせることがいかに困難か。それを考えさせてくれる。

近年注目を集めた国内再生事例集

『建築リノベーション　事例と実務』

日経アーキテクチュア編
日経BP社刊（2010年11月）
定価3,570円

近年、国内で注目された改修、増改築、保存・再生のプロジェクト32事例と、関連する実務や動向を解説している。用途転用や耐震補強などをテーマに実例を紹介。リノベーションのポイントやノウハウを知ることができる。

リフォームにかかるお金の資料

『リフォームハンドブック2011』

建築資料研究社出版部編
建築資料研究社刊（2011年3月）
定価2,940円

多くの用途に対応できるよう、リフォーム工事170事例を紹介。各事例にはリフォーム前後の図面と標準的な見積もり例を掲載している。部位別やテーマ別に分かれているので、設計者や業者だけでなくユーザーにも参考になる。

リノベブーム仕掛け人の活動の軌跡

『都市をリノベーション』

馬場正尊著
NTT出版刊（2011年5月）
定価2,415円

この10年、リノベーションブームの仕掛け人のような仕事をしてきた著者の活動をまとめた一冊。海外の事例調査から、都心や郊外でのプロジェクトの実践、今後のヴィジョンまで示しており、その可能性を実感できる。

団地ストックを再生する実践書

『団地をリファイニングしよう。』

青木茂著
建築資料研究社刊（2011年5月）
定価1,575円

戦後に大量につくられた団地は、老朽化し、間取りがライフスタイルに合わなくなっていたり、住人が高齢化するなど、多くの問題を抱えている。本書はそのストックを再生するための計画と手法を実践的な視点でまとめている。

正しく理解して、
スムーズに進めるために
リノベーションの基礎知識

既存建物の状態によって
設計や施工の条件が変わってくるリノベーションは、
新築に比べるとたくさんの検討事項があります。
ここでは、知っておきたいリノベーションの注意点や
ポイントをまとめて紹介します。

contents

Column of renovation 01

リノベーション時に失念しやすい法規

小川智実（グッド・アイズ建築検査機構）

さまざまな経緯と観点

近年、リノベーションが注目される背景として、環境・エネルギー意識の向上によるリユースへの転換、ライフスタイル・ビジネススタイルの多様化、人口・世帯数の減少による新築需要の縮小など、経済的観点や地球環境の観点も含めたトレンドとニーズの変化が考えられます。長期優良住宅といった、住まいを長持ちさせる前提で政府が推し進める制度も同様の観点と考えられます。

現行の法規、過去の法規

リノベーションの定義は「既存の建物に大規模な改修工事を行い、用途や機能を変更して性能を向上させたり価値を高めたりすること。あるいは建物の経年にともない、時代に合わなくなった機能や性能を、建て替えずに、新築時以上に機能・性能を向上させること」と一般的に解されています。

建物を新築する場合と異なり、既存の建物の状態や経年を把握した上での改修となるので、過去の法規制と現行の法規制とのギャップをどう埋めていくかが大きく影響します。私見ですが、法律とはつねに社会情勢に追従していくもので、新しい価値観に対応するのが遅く、古くなりがちです。

建築基準法では法第3条で「適用の除外」を規定しており、過去の法規制で適法であれば「既存不適格建築物」という現行の法規制をただちに適用しなくてもよいことが原則です。ただし、用途変更において構造関係規定など形式的には遡及されませんが、その他の建築基準法関係規定（条例等）については現行法規に遡及する場合があり、注意を要します。同時に、全体的な改修をともなうことが多い用途変更は、主要構造部の過半以上の大規模の修繕や大規模の模様替えは、「建築」に該当する可能性があり、既存不適格のままでは認められない場合があります。

ここではリノベーションを進めていく上で課題となる法規的問題の大枠を紹介します（増築を伴わないケースに限定します）。

『基準時』から判断する

初めに確認することは、法１３７条による『基準時』です。どの時代の法律に照らし合わせて建てられた建物なのか、それによって当時適用されていた法規制が明らかとなり、既存の建築物に対する制限の緩和等とともに、現在どの部分が既存不適格に該当するのか判断することができます。明確な判断をするためには、「検査済証」や「確認図書」、「竣工図」等が重要です（検査済証がない場合については、建築士による安全性の確認、適法性の確認、建築主事等との協議、適合状況等の詳細な調整を要します）。

用途変更について、形式的には構造耐力上の安全性の確認は不要ですが、『基準時』によって大きくふたつに分けられます。

『基準時』が昭和56（1981）年6月1日以降については「新耐震基準」に適合していることにより、検査済証をもって適合していると解しており、構造的な検討は不要ですが、一部用途変更による積載荷重の増加が見込まれる場合は検討を要します。

『基準時』が昭和56（1981）年6月1日より前である場合には、当時の建築基準法改正前の「旧耐震基準」にのみ適合しているため、耐震改修促進法にのっとった「耐震診断」等が必要になります。耐震改修促進法の基準を満たしていない場合は、構造部分の補強計画・改修工事を要します。

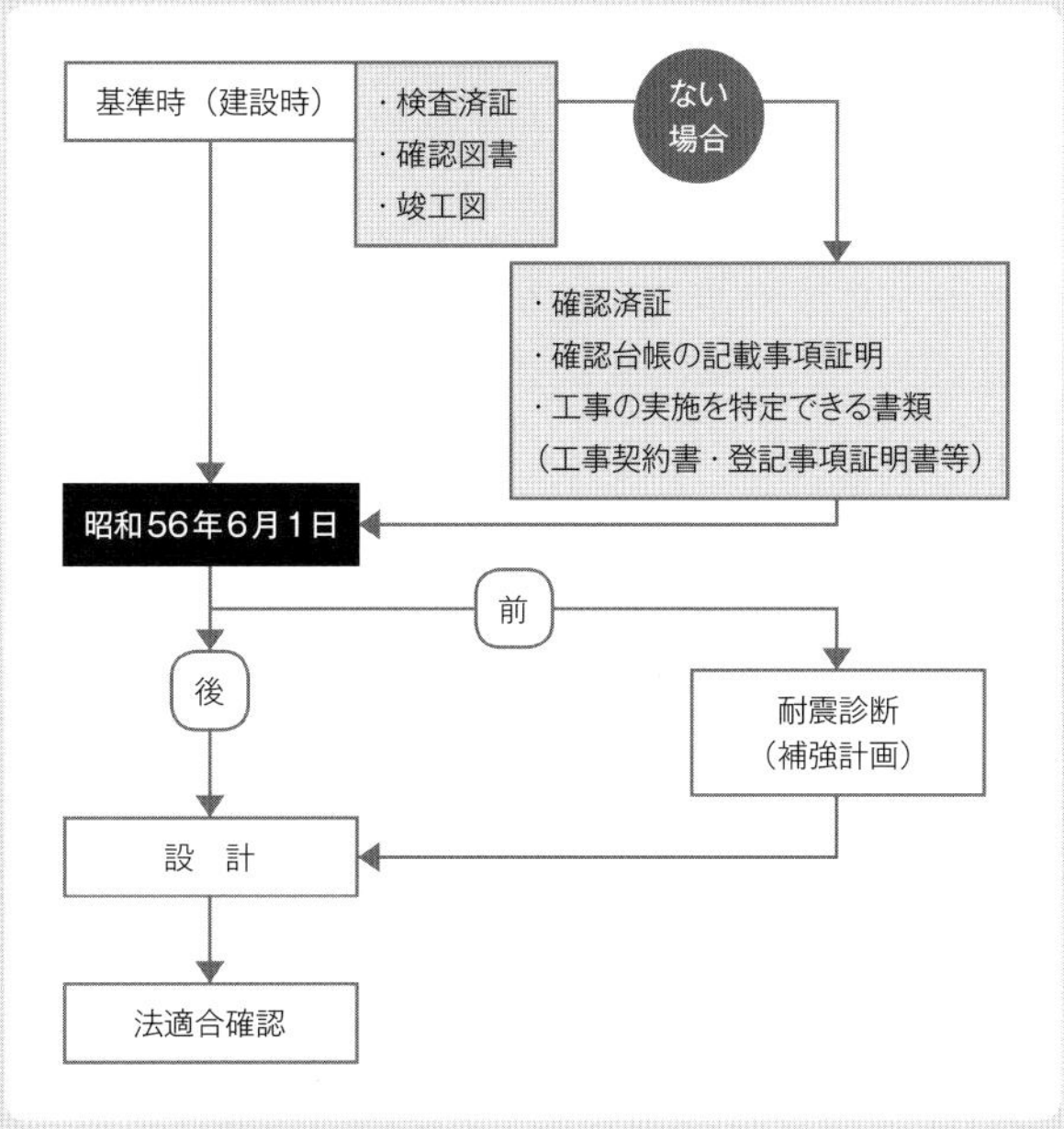

準備する資料とチェック項目

以下に用途変更の申請時に準備するもの、チェックすることを挙げます。

A 準備するもの

①当時の確認申請図書（もしくは竣工図）

②当時の構造図（ある場合）

③当時の検査済証・確認済証（記載事項証明）

④今回の用途変更計画書

上記①～③の資料は、建て主が持っている資料。④は新たに設計事務所等と打合せをして作成する資料。

B チェックすること
（設計事務所等で確認・判断すること）

①現在の用途は、基準時の用途と同じか（違う場合には、用途変更の確認申請がなされているかどうか）

②現在の建物は、建築確認後増築をしていないか（増築している場合には、増築の確認申請がなされているかどうか）

③現在の建物に、違反建築の部分はないか

また、基本的な法適合には以下があります。

・集団規定（建築物と都市との関係で適用される規制）……面積、高さ、住環境など

・地方条例（東京都建築安全条例等）……集団規定を強化する追加規定

・消防法（火災の予防に関すること）……消火器や火災警報装置等

・単体規定（その建物自体に適用される規制）……下記ア～エによる

ア　構造の安全に関すること

イ　防火・耐火に関すること

ウ　環境、衛生に関すること

エ　避難の安全に関すること

以上を建築士等の専門家に確認してもらう必要があります。

Column of renovation 02

マンションにおけるリフォームの可不可

渡辺由之（東京建築士会 青年委員）

複数で所有しているマンション

戸建住宅と集合住宅であるマンションの一番の違いは所有権の違いです。戸建住宅のようにひとり、または親族で所有している建物は、法規制にさえ抵触しなければ、原則として所有者個人の自由意思で増改築を含めたリフォームが可能です。

それに対してマンションのように複数人で区分所有している建物は、単独で所有している部分（専有部分）と複数で共同して所有している部分（共有部分）だけでなく、共有部分でありながら独占的に住民が使用できる専用使用部もあります。これらが複合されてひとつの建物となっているのです。このうち、ひとりの所有者が単独で自由に変更できるのは専有部分に限られています。

よく誤解されますが、バルコニーや専用庭および玄関前スペース（アルコーブ）などの専用使用部は専有部分ではなく共有部分です。該当住戸の住人に対して独占使用を認められているにすぎず、維持管理の責任を負ってはいるものの、形状の変更はできません。

また、住宅としての機能も共有部分と専有部分の両方が複合して構成されているため、共有部分からのつながりにより、さまざまな条件が付加されてきます。

排水の例で説明します。戸建住宅は壁や床に手を加えることが自由で、排水経路の変更は可能ですが、共有部分に勝手に手を加えられないマンションにおいては、共用排水管の位置によって排水経路が制限されることになります〈図1〉。

さらに、建物全体の共同の利益を守るために定められている管理規約等において、個人の所有部分である専有部分の使い方やリフォームの仕方にまで制限されていることがあります。例えば、住人以外の不特定多数の人物が出入りする事務所利用の禁止やピアノを設置する際の音響対策規制だけでなく、外観の問題からバルコニーへの物干し制限、エアコン室外機や給湯設備の設置位置の制限まで定められているケースもあります。また、リフォーム工事に際して、工事の詳細内容をマンション管理組合に説明して承認を得ることが必要とされていて、工事内容によっては工事時期や施工業者が定められているケースもありますので注意が必要です。

構造体には手を加えられない

マンションリフォームを行う上で大きな条件となるのが、建物の骨組みである屋根や柱、梁、床だけでなく、窓サッシュを含む外壁が共有部分となっていることです。これゆえに、ひとりの所有者が単独で増改築を行うことは不可能であり、ほとんどのマンションにおいて、外壁や床に穴を開けることや窓サッシュを交換することが実質的に制限されていて、ふたつの住戸を購入してひとつの住戸にしたり、バルコニーや専用庭部分に部屋を拡張することはできません。仮に専有部分をひとつの箱に例えると、箱自体に手を加えることはできず、箱の中の空間における部屋の区切り方や床・壁・天井の表面の仕上げ方のみ変更することが可能ということになります。つまり、マンションリフォームで許されている建築行為は、専門用語で言うと「模様替え」のみとなるのです。

設備にも制約がある

また、建物全体に張りめぐらされている電気幹線や給排水ガス管の主要部分が共有部分となっていることも、住戸内の設備機器を変更する上で重要な条件となります。

共有部分である電気幹線等の設備により、各住戸で使用できる電気容量に限界があるため、ＩＨクッキングヒーターなどの大容量を必要とする設備機器を後から導入することができない場合があります。

オール電化として分譲されるマンションでは、当然のこととしてガス配管設備がないため、ガス機器を導入することができません。

自然勾配で流すことが一般的である排水においても、下の階に排水を流す共用竪管の位置が決まっているだけでなく、排水管の勾配を確保するために設けられている床スラブの段差〈図2〉の位置や範囲が、キッチンや浴室、便所などの水まわりの配置に大きな影響を及ぼします。

まずは専門家に相談する

マンションリフォームは制約条件が多く、大幅なリフォームを考える際にはあらかじめさまざまなことを考慮しなければなりません。最近のマンション売買時に添付されている住宅性能評価書の中には、リフォームのやりやすさを示す指標とされる評価項目があります〈表1〉。

マンションリフォームは、行うことができる工事項目が限定されているため、住戸内を大幅にリニューアルしようとする際には、建物全体の構造と限界を理解している建築士や建築設備士に依頼したほうがよいでしょう。

図1 共用配管と専用配管が入り交じっている

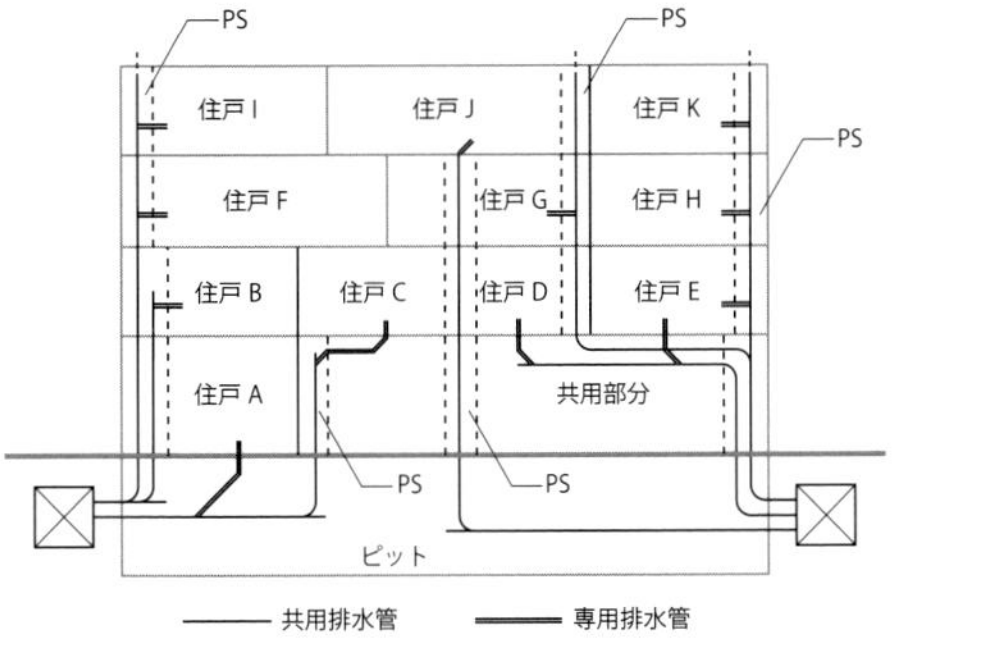

図2 床の段差で配管に制限される

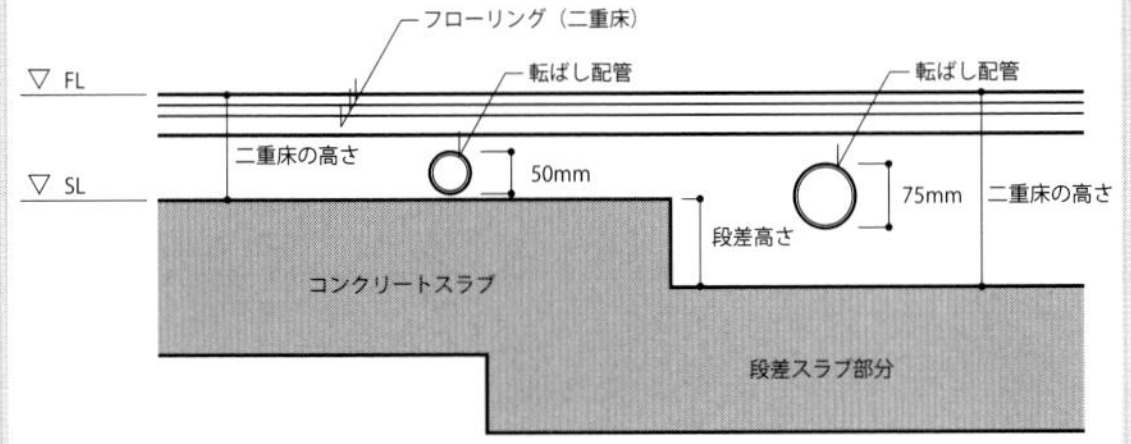

表1

性能事項	事項・等級の説明	
4-4 更新対策 (住戸専用部)	住戸専用部の間取りの変更を容易とするため必要な対策の程度	
	・躯体天井高	住戸専用部の構造躯体等の床版等にはさまれている空間の高さ
	・住戸専用部の構造躯体の壁または柱の有無	住戸専用部の構造躯体の壁または柱で間取りの変更の障害となり得るものの有無

Column of renovation 03

建物の健康診断、耐震補強のすすめ

岡本博（岡本建築設計事務所）

まず耐震性能を確認する

耐震補強あるいは耐震診断というと何か大げさな印象を受けるかもしれませんが、新築ではない建物にとっては大切な健康診断といえます。長く使われてきた建物の状態（とくに構造耐力など）を知るためには、いわゆる人間ドックに入るように耐震診断が必要になります。

建物が共同住宅の場合、また構造が鉄筋コンクリート造や鉄骨造の建物では、耐震診断を行うための合意形成に時間がかかる場合が多く、診断そのものに少なからず費用がかかるので、すぐには進められない場合もあります。これについては別の機会に委ねます。

もし木造戸建て住宅のリフォームを考えているのであれば、改修工事と同時に耐震性能のチェックも行った方がよいでしょう。とくに昭和56（1981）年以前の建物については必須といっても過言ではありません。当時は要求された基準に達した耐力となっていても、現行の基準に達していないと想定される建物もあります（耐力壁の量やバランスのチェックの基準が変わっています）。リフォーム工事では床・壁・天井を改修する、あるいは間取りを大きく変える場合では、柱や梁の位置の変更もあるでしょう。その場合には構造的なチェックを前提として、さらに建物全体の耐震診断の併用をすすめます。診断を元に建物の耐力の状況、重さ（重心）と堅さ（剛心）のバランスを知り、必要な部位に補強を行うことができます。

リフォームするのであれば、この機会を逃す手はありません。改修と同時に補強を行えば、明らかに合理的です。耐震補強により建物を倒壊させないことは、住まい手の命を守ることはもちろん、近隣の避難路をふさがないという意味でもその意義は大きいといえます。

どのように耐震補強するか

耐震補強というと一般的には筋交《すじか》い（柱梁の間に斜材を入れて壁全体で強度を上げる手法）を思い浮かべるかもしれませんが、補強方法には多くの種類があります。構造用合板を使ったり、アルミやグラスファイバーを利用したり、あるいは木造の特性を生かすべく、オイルダンパーや粘りのある素材で制震（振動を軽減する）する手法もあります。

壁ばかりではなく、基礎や床などの水平面も大切な要素です。とくに、いわゆる伝統工法（筋交いではなく貫《ぬき》を用いた工法）では注意が必要になります。建物の特性に合わせた手法で補強を行わないとかえって悪影響を及ぼす場合もあります。設計者に説明を求めて、建物の構造的特性を知って下さい。

木造の耐震補強については、各自治体から助成金が出る場合が増えていますが、その金額や前提条件はかなりばらつきがありますの

1 基礎まわりが劣化した状態

2 劣化した柱

3 透光性のあるパンチングメタルで補強

で、事前に調べてもらうことが肝要でしょう。助成金を利用する場合は、耐震診断の手法を含めて目標数値を指定される場合も少なからずあります。しかし大切なことは耐震補強を施すことであって、いたずらに数値にこだわることではありません。新築ではない木造の耐力を正確に知ることは至難の技。材料、仕口（接合部）、劣化度合い等はあくまで想定値になるから当然です。

家具の転倒防止も見逃してはならない大切な減災です。耐震補強に比べればはるかに容易なことなので忘れずに行ってください。リフォームと同時に行えば、お洒落に仕込むことも難しくありません。

建物の安心は建物に愛情を持つことから始まります。リフォームを機会に傷んだところを直し、弱いところを補強していくことをぜひすすめます。良い住まいをつくるには、見えないところから見直すことが何より大切なのです。

Column of renovation 04

用途変更・コンバージョンのためのチェックポイント

……………大坪和朗（大坪和朗建築設計事務所）

持続可能な施設運営のために

社会に必要とされる建物用途は、時代によって変化します。その変化に対応するために、建物の用途を変更したい、さらには、複合的用途を持たせたいという建物所有者も多いのではないかと思います。

まだまだ現役で使用できる建物を壊さず、部分的な変更で使い続けられれば、建物が無駄にならず、運営資金的にも余裕ができます。

そこで本稿ではとくに、不特定多数の人が利用する住居系建物で、１００㎡を超える用途変更を考える際に考慮すべき事項をまとめました。社会ニーズの変化に迫られて用途変更をしようとする場合、その規模を超えることが少なくないと考えられるからです。

昭和56年以前の建物かどうか

昭和56（１９８１）年以前に建てられた、構造強度が現在の基準に達していない建物を、類似の用途以外の特殊建築物へ変更したい場合は注意が必要です。現行法規をクリアするために詳細な構造調査や、補強工事をしっかりと行う必要があり、工事費への影響が大きくなるからです。

昭和56年以前の建物を用途変更するには

A 申請が不要な用途への変更にとどめる場合、複雑な手続きが不要なため、工事費を抑えることができます。

B 申請が必要な用途へ変更する際には、新築で建てる場合の6～7割程度の工事費をかけてもよい心づもりで、建物構造を詳細に調査・補強をした上、現行法に適合させ、新たに申請します。

A 申請が不要な用途変更とは

申請を避けるには「類似の用途」への変更にとどめるか、事務所などの特殊建築物以外の用途に変更します。

しかし、類似用途への変更程度では、街の変化や、少子化などの理由から、今後長きにわたって、その施設を継続できない可能性もあり得ますので注意が必要です。

また、駅から遠いなど、必ずしも交通の便がよくない地域で、事務所スペースの需要がどれほどあるのかという点も考慮する必要があります。

B-1 申請が必要な用途変更とは

類似の用途でない「特殊建築物」（不特定多数の人が利用する建物。共同住宅・福祉施設・店舗など）に変更する場合は、その用途に当たる部分の床面積の合計が１００㎡を超える場合に申請が必要となります。

老人福祉施設・デイサービス等に用途変更したい場合は、廊下や階段の幅、ＥＶの設置など「バリアフリー新法（旧・ハートビル法）」というバリアフリー化を基準としてつくられた法律を満たしている必要があり、注意が必要です。

Ｂ-２ 完了検査済証は残っているか

「完了検査済証」が残っているかどうかは、非常に重要なポイントです。昔は、完了検査をしないですませてしまうことも多かったようなので、検査済証自体がないケースもあるのですが、ここが結構なネックになります。

完了検査を受けていない建物は、図面通りに正しくつくられたことを証明する書類がないため、まず、それを証明するために詳細な構造調査が必ず必要となります。

また、完了検査済証が残っていない場合は、さまざまなところが図面通りになっていない可能性を考慮する必要があります。容積超過・斜線制限超過などもあり得ますので注意が必要です。

Ｂ-３ 減築という方法

減築とは、建物のヴォリューム（床面積）を減らすことをいいます。

改装したい建物が既に規定の床面積を満たしているときに有効です。

例えば、以下のケースです。

・ＥＶを別棟として新設（床面積増加）
・増床（床面積増加）
・その他、新しいヴォリューム・機能を追加するために、既存の床面積を一部減らす必要がある場合

比較的手軽と思われる減築方法をひとつ紹介します。

建物の本体構造への変更を最小限に抑えつつ減築する方法として、上方階の外壁を後退させてバルコニーをつくる方法があります。開口の多い、耐力負担の少ない外壁を屋内側に後退させれば、有効な構造を極力減らさずに、床面積を減らすことができます。

また、斜線制限超過については、天空率計算単独でもクリアできるな場合もあり、それ以上の場合でも、減築と併用することによってクリアすることが可能です。

Ｂ-４ 関連法規等もチェック

建築基準法以外にも、業態に関連する法律をチェックする必要があります。

マンスリーマンション、ウィークリーマンションを検討する際は、「旅館業法」もチェックが必要です。旅館業とは、ホテル・旅館・簡易宿所・下宿営業をいい、これに該当する可能性があるからです。

トランクルーム等を検討する場合は、「倉庫業法」などもチェックが必要になります。

また、飲食に関わる施設を含む場合は、保健所とも協議が必要になります。

以上をチェックリストとして活用しつつ、方向性の決定に役立てて下さい。

ローンで資金を工面する

大坂岳志（大坂岳志設計室）

既存住宅か、新規購入か

リノベーションを行うにあたり、まずは資金をどうするかが、気になるところです。

自己資金を超える規模のリノベーションを行う場合、リフォームローン等の融資を受けることになると思います。

Aリノベーションのための住宅ローン

すでに住宅を所有していてリノベーションをする場合と、新規に購入しリノベーションを行う場合、それぞれ注意するポイントがあります。

すでに住宅を所有している場合、所有している住宅に対して、ローンが残っていなければ、とくに問題なくリフォームローンを利用することができます。

現在所有している住宅のローンが残っている場合は、住宅ローン、リフォームローンを合算して融資が決められるため、返済負担率が上限を超えないように注意が必要です。

Bマンション、住宅を新たに購入してリノベーションする場合

住宅ローンの融資額は、購入する物件の販売価格を基準に決定されるため、リノベーション費用は住宅ローンとしての融資が受けられません。したがって、リノベーション費用は、自己資金で行うか、信販系のリフォームローンを利用するようになります。

信販系リフォームローンを利用する場合、物件を購入する前に事前審査を受けて、借入れの目算を立てておくと安心できます。

物件の購入に資金を使いすぎてしまうとリノベーションの予算がなくなってしまう可能性がありますので、用意できる資金、物件の購入価格、リノベーションの予算のバランスを考えることが重要となります。

ローンの種類と特徴

リノベーションに使うローンは、大きくふたつに分けて住宅ローンとリフォームローンがあります。またリフォームローンは銀行系と信販系で異なり、それぞれ特徴と注意点は以下のようになります。

A住宅ローン

リノベーションにおける住宅ローンは、リノベーションをするための住宅、マンションを新規に購入する際に利用するローン。

返済期間が最長35年、低金利で融資を受けられますが、金融機関の保証料や抵当権設定などの費用が別途かかります。

Bリフォームローン（銀行系）

返済期間が15年程度、融資限度額は１０００万円程度までです。手続きには必要な書類が多く、銀行店頭に出向かないとならない場

合もあるので、手間がかかります。また、住宅ローンが残っているときに、リフォームローンを利用する場合は、合算して融資が決められるため、全体の返済負担率が上限を超えない額までとなります。

Cリフォームローン（信販系）

銀行系のリフォームローンと比べ、若干金利が高いですが、無担保で借りられ、審査も比較的簡単にできます。多くの場合、返済期間は10年程度、融資限度額は５００万円ぐらいまでとなります。

リフォームローンには優遇税制がある

リフォームローンを利用する場合、住宅ローン控除、耐震改修促進税制、バリアフリー改修税制等の優遇措置を受けることができます。ここでは、住宅ローン控除（特定増改築等の住宅借入金等特別控除）について触れたいと思います。

リフォームローンで住宅ローン控除を受けるには、さまざまな条件を満たす必要があります。細かい条件はありますが大きくは以下の通りです。

・自己の所有している家屋で、自己の居住の用に供するものの増改築等であること
・増改築等をした後の家屋の床面積（登記面積）が50㎡以上
・増改築・大規模修繕・模様替えの工事で、その工事の証明がされたものであること
・増改築等の工事費用が１００万円を超えるものであること
・自己の居住の用に供される部分の工事費用が、増改築等の工事費用の総額の２分の１以上であること
・住宅の取得等に関わる住宅借入金等（住宅ローン）を有していること
・住宅の取得等の日から６カ月以内に居住の用に供していること
・床面積の２分の１以上がもっぱら自己の居住の用に供されるものであること

これらの条件を満たすと、〈表1〉のような控除が受けられます。ただし、支払う所得税以上の控除は受けることができないので注意が必要です。

住宅ローン控除を受けるためには、確定申告が必要になります。また、申告の際に必要となる書類に建築士もしくは登録住宅性能評価機関から交付を受けた増改築等工事証明書が必要になります。

表1 住宅ローンの控除期間と限度額

居住年	控除期間	控除限度額	最大控除可能額
平成23年	10年	年末残高等 ×1% (40万)	40万円×10年= **400万円**
平成24年	10年	年末残高等 ×1% (30万)	30万円×10年= **300万円**
平成25年	10年	年末残高等 ×1% (20万)	20万円×10年= **200万円**

Column of renovation 06

住宅履歴情報でストック住宅を生かす

……………荘司和樹（イエサブ ユナイテッド 代表）

日本の住宅事情って豊かなの？

ひと昔前、日本の住宅は「うさぎ小屋」だと諸外国から言われていました。住宅戸数が不足し、土地も家も狭かったからです。

現在は、どうでしょうか？

平成20年の日本の総住宅数は5759万戸です。それに対する総世帯数（家族数）は4999万世帯。住宅の戸数が世帯数を760万戸も上まわっています。つまり、今、日本の住宅は余っているのです。

余るくらいに住宅があるのなら、わが国の住宅事情は、健全なはず。けれども、実体は決して豊かだとは感じられません。なぜでしょうか？

その理由は、先進諸国と比べて、著しく中古住宅の売買（流通）が低迷しているためです。なぜなら、売ろうとしている住宅の、もしくは買おうとして住宅の性能情報が不明なため、適切な価格を設定できないからです。

どのようなつくりなのか？ どんな断熱材が入っているのか？ どういった構造なのか？ 過去にどの部分をリフォームしているのか？ などなど。

適切な価格設定ができないため、中古住宅市場は発達せず、どんどん新しい住宅を新築し続けてきたのです。事実、先進諸国に比べて、日本の住宅の新築着工数は、ダントツに多く、住宅寿命は30年程度と極めて短く、結果、上述したように住宅が余り出しました。

景気のよい時代であればともかく、平成の大不況が続く今の日本に、住宅を新築し続ける余裕などありません。高齢化も加速しているため、今ある住宅ストックを上手に活用しながら住み分けていくことで無駄な支出を減らし、その分、社会保障などの拡充を目指した方が社会全体が潤います。

そこで、国は、国土交通省が中心となって「住宅履歴情報制度」の運用を開始しました。

住宅履歴情報って何？

住宅について、いつ、だれが、どのように新築や修繕、改修・リフォーム等を行ったかが記録されている「住まいの履歴書」のようなものです。住宅を何世代にもわたって住み継いでいくためにも、住宅履歴情報が必要です。今後、中古住宅を購入する場合などには、住宅履歴情報の有無が購入価格に大きく影響を与えることとなるでしょう。つまり、住宅履歴情報は、住宅の資産価値を大きく左右する要因のひとつとなるわけです。これから住宅を新築される方は、住宅履歴情報制度を活用することをすすめます。

下記のウェブサイトには、「住宅履歴情報」について一般消費者にわかりやすく解説するための案内パンフレットがPDFファイル形式で公開されています。
http://www.jutaku-rireki.jp/ippan/index.html
＊ネット検索される場合は、
「住宅履歴情報整備検討委員会」で検索して下さい。

Column of renovation 07

建物と人を守る、熱のコントロール

庄司哲人〈ウェル〉

建物から省エネを図る

最近は、省エネ家電への買い替えが普及してきていますが、家庭の中でエネルギーを一番消費するのは何でしょうか？

予想ができると思いますが冷暖房です。機器の買い替え等で機器性能を上げることは省エネ対策としてはもっともポピュラーな方法です。しかし、機器性能を上げるよりももっと大事なことがあります。それは冷暖房エネルギー消費を減らすために建物性能をよくすることです。暖かい飲み物はポットに入れ、冷えた飲み物はクーラーバックに入れるのと同じことです。「建物性能を上げる」とは、断熱・気密・遮熱性能を上げることを意味します。

かつて日本の住まいは、「夏をむねとすべし」という考えでつくられ、風通しを重視し、断熱性能は軽視されてきました。しかし、現代では空調機器の発達によって、その逆の考え方が重要となりつつあり、リフォームのときこそ、壁・床の裏側に隠れている断熱性能を見直すチャンスといえます。

断熱は初期投資が高いように感じますが、以下のことが実現します。

①冷暖房費用が安くなる
②温度差が少ない住宅ができ、心臓疾患等にかかりにくく、健康に長生きできる
③結露が発生しにくくなり、カビが防止できる

何がよい方法か迷うと思いますが、断熱・気密・遮熱のわかる建築士に相談し、適切な施工監理のもとで工事を行うことが重要です。どんな優れた断熱材料であっても使い方を理解していないと、有効に活用できないことが多々あります。

外部の熱を遮断する

建物性能が優れ、夏涼しく、冬暖かい住宅とはどのようなものでしょうか？

第一に行うのは、何といっても窓ガラス性能を上げることです。夏の熱は窓ガラスから71％も入り、冬は48％も逃げます〈図1・2〉。その方法として、シングルサッシュで外壁がそのままの場合は、内側にさらにサッシュを取り付けます〈二重サッシュ〉。外壁まで見直すのであれば、サッシュを複合ガラス＋枠が冷えにくいアルミ樹脂複合サッシュ〈熱貫流率3・49W／㎡・K以下のもの〉をすすめます。*1

壁や屋根に充填される一般的な断熱材料は、グラスウール・ロックウール・木造用水発泡系断熱材〈写真1〉・ポリスチレンフォーム、EPS・セルロース等があります。内充填断熱でも外張断熱でも気密性能がしっかりしていたら、どちらでも問題ありません。内充填断熱は、結露が心配だと思いますが、断熱材が結露しないことを計算すれば何ら問題ありません。

建築士には、「透湿抵抗比計算を行って必

要な防湿措置をお願いします」と伝えて下さい。さまざまな議論があるようですが、実際断熱性能は、その種類による性能と厚みで決まります。関東圏では、壁・屋根ともに熱貫流率0・3（W／㎡・K）あれば十分だと思います。

一般的な繊維系断熱材（袋入）について、気流止めが行われていない、コンセント・照明器具気密部材が使用されていない等、問題点もあるので、メーカー施工要領書に基づいた施工が必要です。また、床下は通常屋外扱いで、床断熱が一般的ですが、基礎に外断熱を施せば、床下でも室内扱いとなり、床下に断熱処理を行わなくてよくなります。暖房をしなくても地熱によって暖かくなるため床温度は16℃くらいです。ちなみに通常の床温度は12℃くらいなので、暖房費は減少します。

熱の行き来をなくす

気密性能の確保はとても重要です。布団をかぶっていても足が出ていたら寒いのと一緒で、気密性能が悪いと、建物が冷えて室内にいても寒くなります。気密断熱性能がしっかりしていれば、見えないところで結露が発生しにくく、カビのおそれが大変少なくなります。

また、気密性能が確保されると給気口から

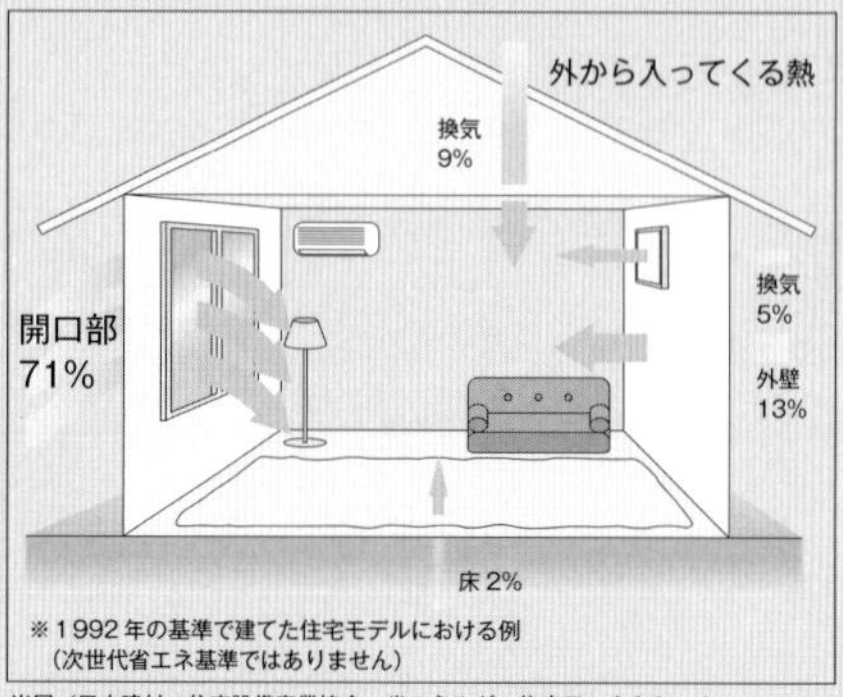

出展／日本建材・住宅設備産業協会　省エネルギー住宅ファクトシート

図1　夏の冷房時（昼）に開口部から熱が入ってくる割合 71%

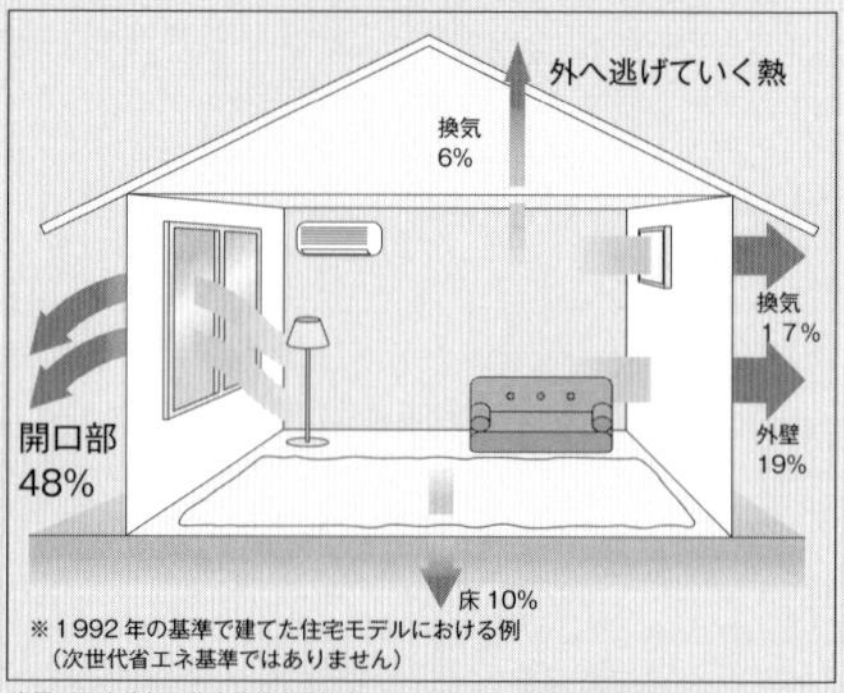

出展／日本建材・住宅設備産業協会　省エネルギー住宅ファクトシート

図2　冬の暖房時の熱が開口部から流失する割合 48%

写真1　壁に充填された断熱材

写真2　遮熱フィルムを施工したところ

外気がしっかり入ってきます。給気口を花粉対応フィルター付とすると花粉もしっかり除去することが可能となります。少なくとも、C値1・0（㎠／㎡）*2以下を目指すとよいでしょう。

熱をコントロールする方法

断熱性能を上げた住宅に有効な暖房方式に輻射熱を利用したものがあります。冬の寒い日にひなたぼっこをすると暖かいと感じると思います。この熱の正体こそ輻射熱です。

輻射熱利用の暖房は、床暖房やパネルラジエーター等があります。床暖房は効率的で、エアコンに比べて設定温度が2～4℃低くても暖かく感じられます〈図3・4〉。設定温度を2℃下げると30％のエネルギー使用量の削減効果が期待できます。床暖房温水熱源は都市ガスが一般的ですが、効率がよい電気ヒートポンプ等もあります。

夏の日射しをカットするために、庇やよしず、広葉樹や緑のカーテン等で行えば、簡単にエネルギー使用量が減らせます。また、近年太陽熱を反射する、遮熱シートが発売されました。夏対策として、まず遮熱、その後に断熱を行うと効果が高くなります〈写真2〉。

断熱性能を上げて建物の価値を高める

日本の省エネは冷暖房機器の性能が重要視されていますが、これまで述べたように建物性能（断熱・気密・遮熱）の向上が何より重要です。

ドイツではエネルギーパスという冷暖房に関わる光熱費を第二の住宅ローンとして考え、売買・賃貸の場合に証明書が発行されていて、誰でも冷暖房に関わる光熱費を比較できる制度があります。日本でも、冷暖房に関わる光熱費がわかる証明書が発行されるようになれば、比較しやすくなると思います。

冷暖房に関わるコストは一生ですが、断熱に関わるコストは1回であり、断熱をしっかりと行えば温熱環境が大幅に改善されます。健康に長生きできる住まいを同時に手に入れることが可能なのです。

*1　熱貫流率　壁・床、屋根など構造体を通過する熱の伝わりやすさ。単位はW／㎡・K。

*2　C値　床面積1㎡あたりのすき間の面積。単位は㎠／㎡。

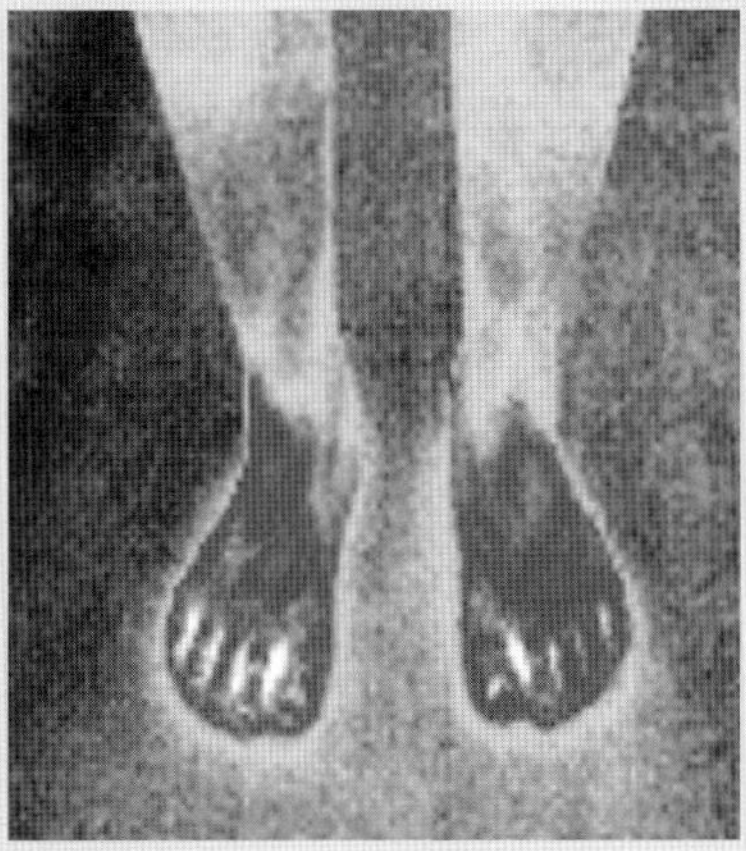

図3　輻射暖房時の足先のサーモグラフィ

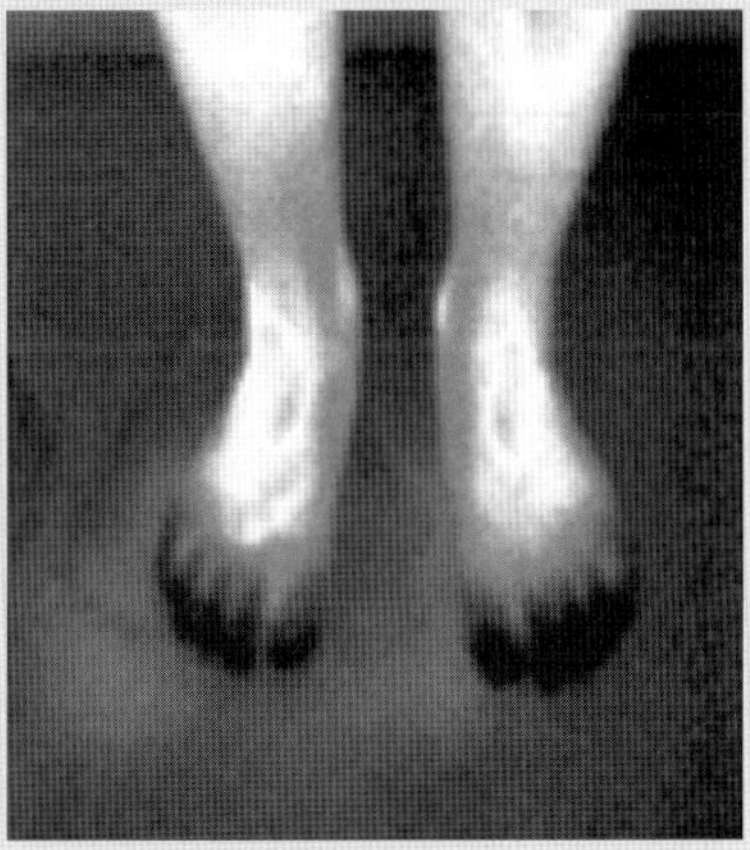

図4　エアコン対流暖房時の足先のサーモグラフィ

LEDの特性を把握して、適所に使う

杉山容子（EOS plus）

建築の寿命、設備の寿命

人間に例えて、建築意匠は外皮、構造は骨格、設備は内臓といわれています。人間も多くの場合、年を重ねると内臓の調子が悪くなったりするのと同じで、建築本体の耐用年数は長くても、設備の耐用年数はおおむね５～10年といわれています。内臓が悪くなれば、人は病気になり死にいたる場合さえあります。これと同じく、やはり設備の具合が悪くなれば、居住空間だって具合のいいものではありません。

住宅に限ったことではありませんが、建築において、設備の更新のしやすさは長く家を美しく保つことにもつながります。更新を意識せずに設備を隠してしまうと、できあがったときにきれいでも、結露や更新時の壁等の撤去・復旧の後がくっきり残ってしまうこととなり、残念な空間になってしまう要因をつくります。

家も人と同じ。ただ老いるのか、いい年の重ね方をしていくのかではまったく違います。その一要因としての、設備更新のしやすさを設計時にちょっとだけ考えてみるだけでも10年後の様相はずいぶん違ったものになります。

LEDにも欠点はある

「更新する」というキーワードで設備を考えたとき、最初に思い浮かぶのはLEDです。４００００時間交換なし、10年保ちます、といった宣伝文句を知らない人を探す方が難しくなるほど、その普及力は目を見張るものがあります。ＬＥＤを取り巻く技術革新も目覚ましく、今日新しいことが明日すでに古いというのは、決して大げさなことではなく、専門的分野にいるとまったく油断できません。

いいことづくめであるかのように報じられているＬＥＤ電球ですが、気をつけなければならない面もあります。国民生活センターによると、電球類（白熱電球などを含む）に関する苦情や相談件数は、２００７年度に１００件、08年度で１１４件、09年度は１３８件と年々増え、10年度も3カ月で47件に上っていると報道されています。

国民生活センターに寄せられたＬＥＤ照明関連の苦情や相談に、「10年間使用できるというので買ったのに、すぐに切れた」と商品の謳い文句との違いを指摘するものがありました。この要因のひとつには、ＬＥＤ電球本体が持つ熱があります。実際、光の熱さは従来に比べて格段に減っていますが、本体の熱がまったくないわけではありません。そのため、白熱灯や蛍光灯の器具で口金が合っても、実際は熱をうまく逃がせずにランプが参ってしまうのです。

電球を見てみると、従来電球とは違う部分に気づくでしょう。それは下部分のヒダヒダで、熱を逃がすための機構となっています。これに関しては、カタログ上で更新可能な器

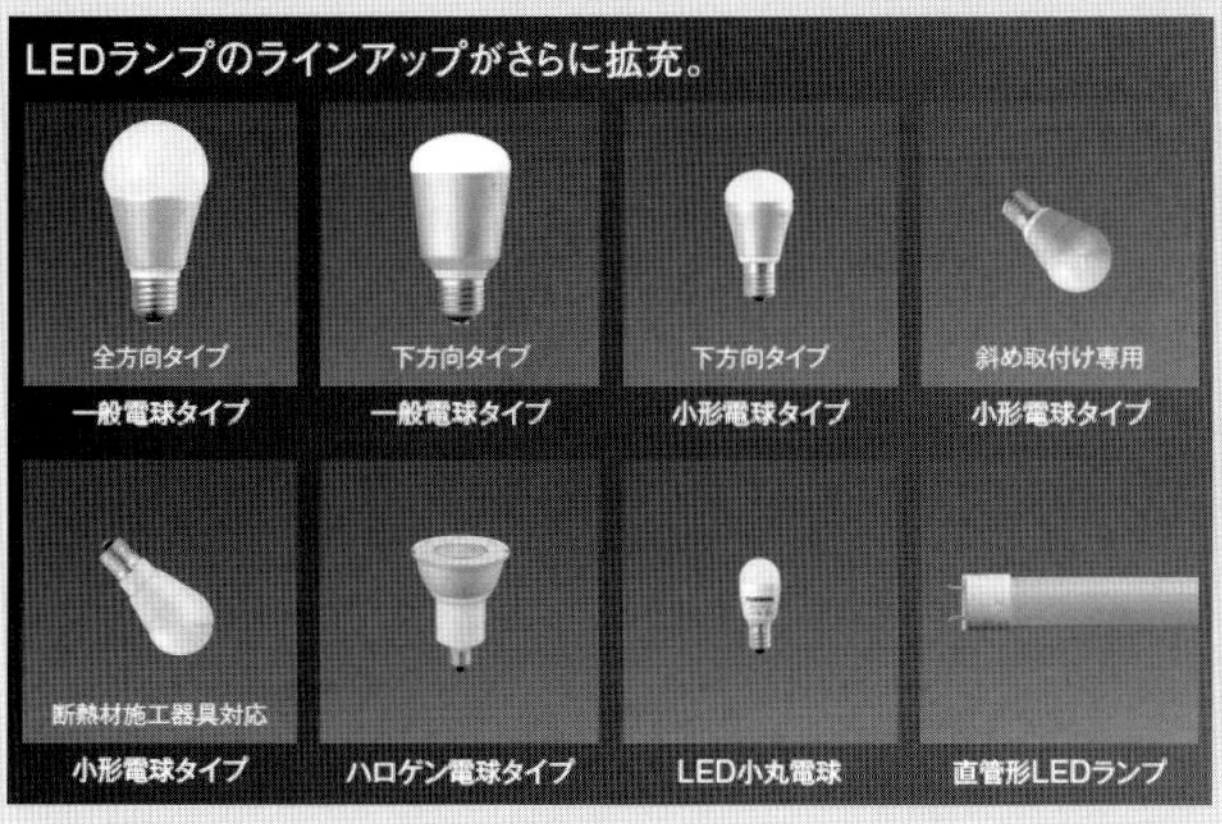

形状やW数などバリエーションが豊富になった
LED電球（パナソニック電工）

LED電球。ヒートシンクでLED素子に発生した熱を逃がす（東芝）

具かどうか明記されています。器具を選ぶ際には気をつけたいポイントです。

また、既存器具にLED電球を取り付けたい場合、メーカーに確認することも重要です。「明るさの表示には60Wとあったのに、実際には40Wの明るさしかなかった。メーカーは表示を明確にすべきだ」「光が広がらない」等の苦情もあるようです。

この点に関しては、報道がなされたときからの改善はかなりなされてきているといえます。2010年3月札幌市役所で起きた、直管形LEDのフリッカー（ちらつき）問題の後、直管形LEDでは基準ができました。Ra値*1も多くの大手メーカーで、すでにハロゲン球クラスの数値を実現するまでになり、300度まで光が広がる全方向タイプの商品もラインナップされてきています。

東日本大震災後の情勢やエコの潮流に流されない目が、より一層必要な世界はすでに今、目の前にあります。

*1 Ra値　色の再現がどれだけ正確かを示す値。平均演色評価数。

世帯当たりのエネルギー消費と用途別エネルギー消費の変化

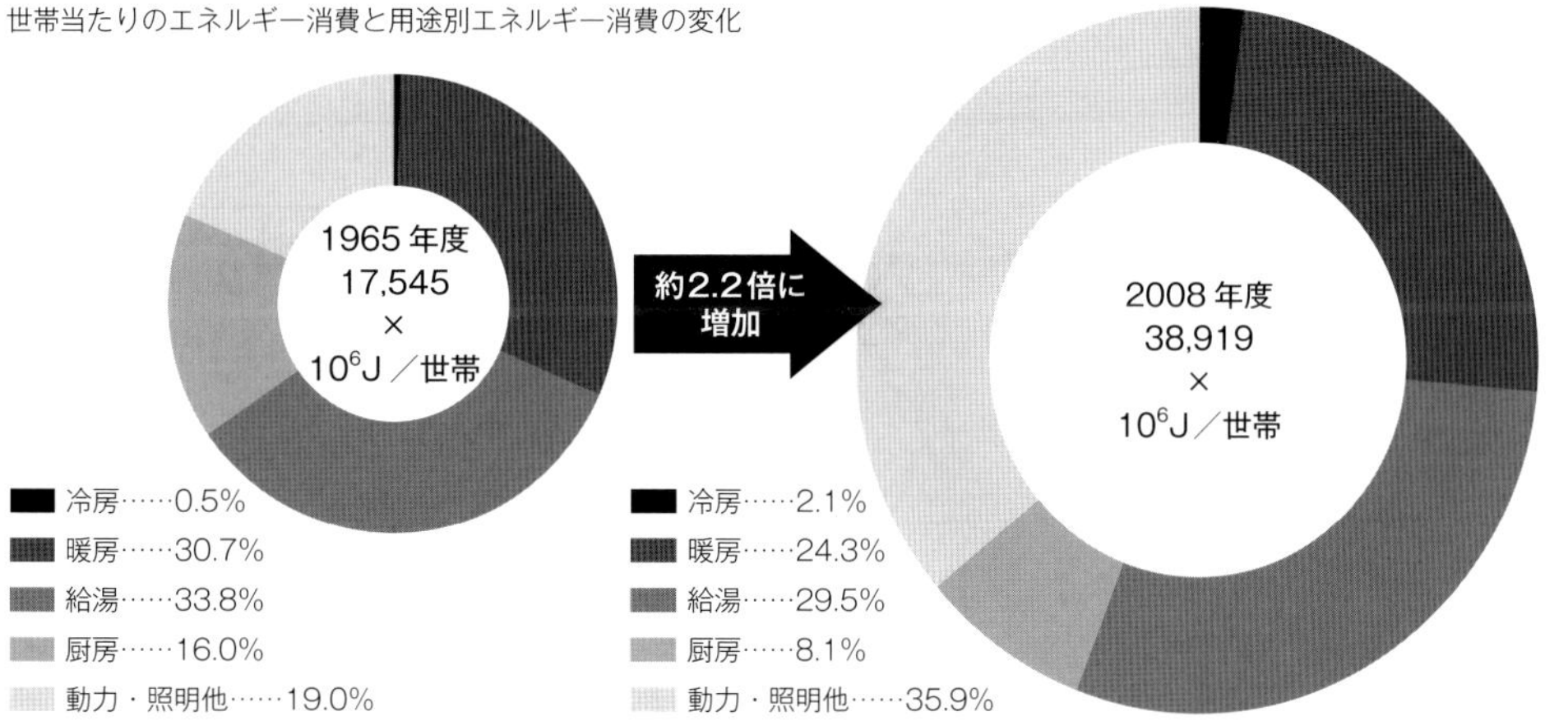

Column of renovation 09

インテリアの刷新で、暮らしも生き方も活性化

町田瑞穂ドロテア（町田ひろ子アカデミー）

生活の変化がチャンス

人間は器用な生き物です。器用すぎると言ってもいいかもしれません。ずっと住み続けている家に不便を感じながらも、それに合わせて何とか暮らすことができるからです。ところが、あるときに建物をいじらなくてはいけない事態がきます。

水まわりの故障、築年数による建物の老朽化、二世帯としての利用など、ライフステージやライフスタイルの変化が理由となっています。この状況を嘆くこともできますが、その前にチャンス到来とポジティブにとらえてみることが重要。なぜなら、これが豊かな暮らしへの「リノベーション」になるからです。

空間と機能を把握する

豊かな暮らしとはどんなイメージでしょうか？　新たな生活イメージとともに、いままでより改善された暮らしを描くことが不可欠です。そうして、間取り、動線、各居室の機能など生活パターンを把握し反映していくことが重要です。そのために住まい手自身も自己分析し、より具体的な生活イメージを設計者に伝えるのです。それにより快適な暮らしへの道筋（環境）ができるのです。

基本のプラン（環境）ができたら、次は「インテリア」を考えます。床・壁・天井等に代表される仕上げ材から、家具、照明、カーテン、アート、グリーン、小物など装飾的なものにいたるまで、室内で毎日目にするものすべてが「インテリア」のエレメントになります。これらをうまく、レイアウトすることで最後の仕上げが決まります。

ここでひとつ注意すべき点は、家具配置やカーテン等の窓まわりの処理（以下ウィンドウトリートメント）です。

簡単な例として、主寝室を考えてみます。寝室といってもただベッドを配置するのではなく、ベッドそのものの選択も、暮らし方により大きく変わります。ライフスタイル次第で選択肢がまったく異なるからです。シングルベッドをふたつ置くのか、ダブルベッドを置くのかでは、部屋の広さが変わってきます。

ここでよく見られる失敗は、ベッドヘッド側に窓を設置してしまうこと。窓は寒暖の差を敏感に伝え、身体に大きな影響を与えるため、できるだけベッドヘッド側を避けた方が良い配置となります。

この場合のウィンドウトリートメントは、装飾というよりは機能として必要となります。また、窓台の位置よりベッドヘッドが高く、窓を殺してしまうこともあります。その失敗を避けるためにも、あらかじめ配置したい家具やサイズをチェックすると、プランにうまく取り込めることを覚えておくとよいでしょう。

ひとの感情を左右するインテリア

さて、最後の決め手のインテリアのコーディネート。素材・色・柄・形状（デザイ

ン）・バランス・リズム・生活者の趣向などに配慮することが求められます。これが、安らぎ、落ち着きなどの居心地の良さにつながる重要なインテリアのエッセンスです。

豊かな暮らしとは、単にお金をかければ、良いものができることではなく、先にも触れたライフスタイルを分析し、経験や好奇心、知識を総動員して挑戦する「知的ゲーム」そのものなのです。そうすれば、誰でも自分のための、自分にふさわしい、心地よいインテリアをコーディネートできるはず。

知的ゲームの中でもっとも基礎となるのが、大きな面積を占める3要素の床・壁・天井。その中でも広い面積を占める壁面は、部屋の印象を決める重要な要素になります。

部屋を広く見せたい要望から最近では、白色を使うことが多くなりました。反射率が高いので、明るい印象の部屋をつくるには適しています。ただし、使い方を間違えると部屋を狭く見せる効果が生まれてしまうことはあまり知られていません。部屋の形状によりますが、天井を高く見せたいときには、縦ストライプ柄、逆に奥行きや部屋を長く見せ、落ち着いた印象をつくりたいときには、横ストライプ柄などを活用することも参考にしてください。

また、部屋を広く見せるためには、色彩心理学を応用したライトグレーを使うことで失敗はなくなります。壁面全体を変えなくても、簡単に部屋の印象を変えるためには、アクセントとして1箇所を変えるのもひとつの方法です。4面を同じ色の壁にするよりも1面のみアクセントカラーを用いた方が、そこに目が向き、床の間と同じように視線の落ち着く場（フォーカルポイント）ができて、家具等の配置もしやすくなります。

このようにRenovation（リノベーション）とは、単に修繕・修理をすることではなく、ライフスタイルを変えること。さらには生き方そのものも変える力があるのです。

1 縦格子の可動式パーティション。空間を締め、光を取り入れアクセントに。
2 ツートーンキッチン。設備的に見せないシステムキッチンの手法です。

親子でセルフビルド。リフォームを楽しむ

加藤陽介（楓設計室）

子どもの感性を育てるリフォーム

日々の設計活動のかたわら、ライフワークとして小学校などで住育活動や、環境教育支援をしています。元気いっぱいの子どもたちと触れ合うことはとても楽しく、柔軟な発想と自由奔放なアイデアにいつも驚きと感激を覚えます。

自然感覚をもっとも身につけやすい幼少の頃から、豊かな自然にいっぱい触れ、ものづくりの楽しさを実感し、自分たちの暮らし方や住まい方を考える機会があれば、大人になったとき、環境のよりよい選択をすることが、きっとできると思います。

暮らし方について、家づくりの楽しさなどを、子どもと共有することができるいい機会になるのが、親子でできるセルフビルドです。メンテナンスの練習になるほか、家への愛情もアップ！　自分でできることを自分ですることは楽しいだけでなく、リフォームコストを抑えられるメリットもあります。

子どもと一緒にできるセルフビルド

A 床のオイル塗り

セルフビルド入門として床のオイル塗りをすすめます。楓設計室では、極力化学物質を使わない家づくりをしているので、塗装も子どもが触れたり、なめても安全な蜜蝋《みつろう》や自然由来のオイル、もしくは米ぬかを使います。自然由来であれば、子どもでも扱えて、安全に作業が行えます。これらを定期的に行うことで汚れが付着しにくい美しい床を維持することができます。

B 壁の漆喰塗り

「壁紙が汚れてきたな。そろそろ張り替えかな」と思ったら、ビニルクロスに張り替えるのではなく、調湿性に優れた自然素材漆喰《しっくい》を塗ってみましょう。

漆喰は高価なのでは？　珪藻土は聞くけど、漆喰って何？　という方も多いと思います。漆喰は、昔から日本やヨーロッパの住まいづくりに使われており、優れた調湿性能と美しい白色が魅力の自然素材です。近年では、耐ウイルス性能も認められ、調湿性能との相乗効果で、健康的な住まいづくりに欠かせない素材となっています。すでに調合してあるタイプの漆喰も商品化されています。

漆喰はリフォームに適した素材です。なぜならば、漆喰はもともと付着力が高い素材で、ビニルクロスの上から塗ることができるからです。ただし注意も必要です。下地のクロスがしっかり壁に付いていること。クロスが浮いたまま漆喰を塗ると、漆喰の重みではがれてしまうおそれもあるからです。部分的に浮いている場合は、その部分のクロスを糊やホチキスでしっかり固定してから塗ることがポイントです。

また、クロスがはがれている場合も要注意です。クロス下地からの成分で漆喰の表面に

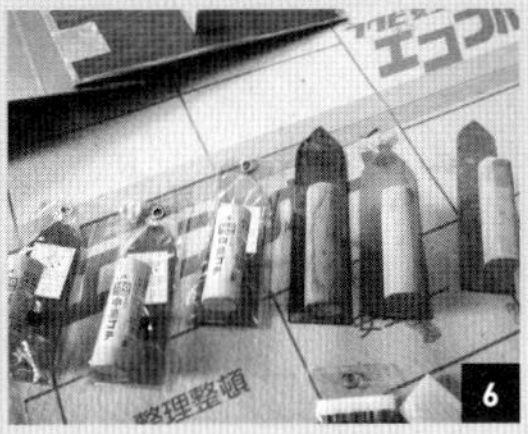

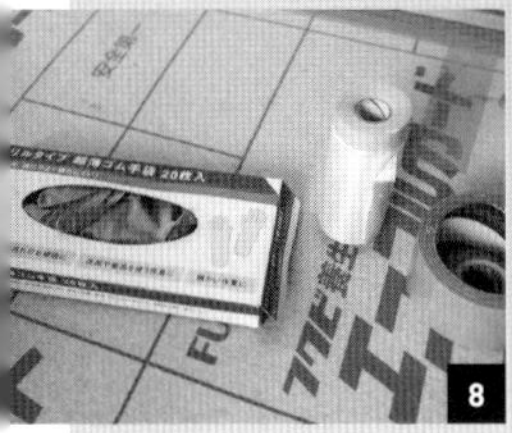

1 小学校での住育活動の様子
2 法政大学多摩キャンパスで学生参加のコミュニティカフェづくり。地域住民、学生参加によるタイル貼りイベントの様子
3 自然由来の素材を使った床のオイル塗り
4 子どもと一緒に漆喰を塗る
5 調合済みですぐ塗れる漆喰
6 コテは100円ショップでも手に入ります
7 刷毛やローラーでも塗れます
8 手袋と床や窓などを保護する養生テープは必須です

写真／楓設計室

灰汁《あく》が表出することがあります。また、タバコのヤニがたっぷりクロスに付着している場合なども灰汁が出ます。そのような場合は、しっかりシーラー（下塗り材）処理をして、下地をコーティングしてから漆喰を塗る必要があります。

実際の作業時には手肌に付かないように、しっかりビニール手袋などを使用しましょう。漆喰は強いアルカリ性だからです。

「セルフビルドっておもしろい。またやりたい」。セルフビルド後によく聞く感想です。いつの間にか趣味になってしまう方も。初めての場合は建築士など専門家の指導のもと、ぜひチャレンジしてみてください。少しくらい失敗しても大丈夫。意外といい味になったりします。思い出に残るような楽しいリフォームで、安心できる住まいができあがります。

リノベーションをサポートしてくれる
施工会社・建材・システム

既存の状況に左右されるリノベーションは、新築よりも手間暇がかかるといわれます。
そこで、リノベーションにあたって相談にのってくれる施工会社や、
暮らしに心地よさをプラスしてくれる建材やシステムなどを紹介します。

contents

設計　黒崎敏　写真　西川公朗

OZONE 家づくりサポート

徹底したチェックとアドバイスで、家を建てたい人と家を設計する人をつなぐ

リビングデザインセンターOZONE

文　後藤直也／後藤直也建築設計事務所

建築家を紹介するシステム

「リノベーションを建築家にお願いしたいけど、どうしたらいいんだろう」

このような疑問を持っている方は多いのではないでしょうか。

現在、東京都内で登録されている建築士事務所は約1万6000件。ひとりの建築家に出会い、ひとつの事務所に依頼するというのは、ある種運命のようなものかもしれません。

新築であればイメージに近い実作を持つ建築家に声を掛けることも可能でしょうが、リノベーションとなると多少状況が変わります。最も異なるのは、当然ですが既存を利用するところから出発するということです。デザインだけではなく既存部分の評価、とくに隠蔽部や構造体、設備関係をどう判断し、どう生かすかが重要となってきます。さらには既存建物の歴史をどう解釈し、どのような新

しい意味を付加し転換するのか。そこには建築家の経験や知識、スタンスの違いが大きく影響してきます。それは雑誌の実例写真などでは読み取れない、プロセスの部分です。リノベーションはこの読み取りが成否を決めるといっても過言ではありません。

　当然リノベーションを得意とする建築家もいれば、そうでない建築家もいるのですが、どうすれば自分にマッチした建築家に出会うことができるのでしょうか。その手助けとして紹介するのが、リビングデザインセンターＯＺＯＮＥが提供する「家づくりサポート」です。

　新築時の建築家紹介システムとしてご存知の方が多いと思いますが、リノベーション事業としても展開しています。

　この度、そのシステムを実際に利用してリノベーションを成功させたお施主さまのお宅を訪問し、建築家との出会いから現在にいたるまでの話を伺いました。

建築家の決定まで

　新宿御苑に面したマンションの一室、４ＬＤＫの小割りプランをコの字型居住スペース＋水まわりに変貌を遂げた物件です。建築家は海外でも活躍中の黒崎敏氏（ＡＰＯＬＬＯ）。内部空間は明快かつ特徴的なプランを白と深い褐色の木質でまとめられ、窓先に迫る御苑の緑が光となって室内へと流れ込んでくる様子が印象的でした。それは都心居住が持つ個性を十分に引き出した結果、生み出された空間であったと思います。

　施主がＯＺＯＮＥに話を持ち込んでから建築家決定までに要した期間は約２カ月半。書類や実例写真で選考した三者によるコンペを開催し、プレゼンテーション、建築家との対話を経てから決めたそうです。

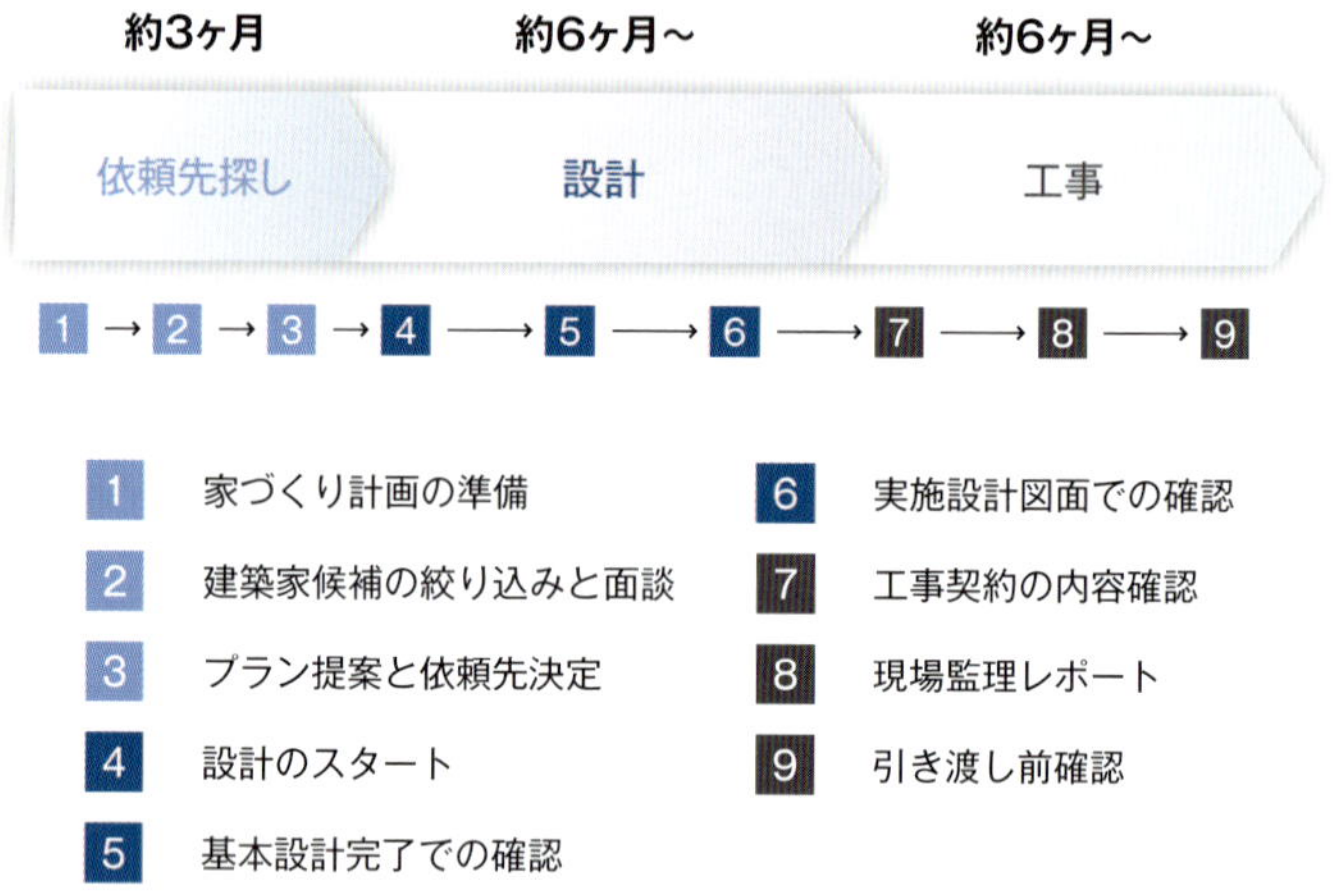

家づくりの流れ

　実作や提案内容はもちろんですが、建築家とのフィーリング、カラーや方向性なども含めて、トータルに判断ができたところが成功の秘訣のようでした。

　特筆すべきは、そこに経験豊かなＯＺＯＮＥの担当者がコーディネーターとして入っていたことです。専門的な知識や、業界の常識等をわかりやすく通訳してくれたり、それぞれのプランの要点を整理してくれたりしたとのこと。設計者としてもそういう補足説明のサポートは非常にありがたく、初期段階のイメージの共有、意思疎通の明快さという重要な部分を補強してくれることが、プロジェクトを成功に導く大きな手助けになったはずです。

実施設計から工事へ

　建築家が決定すると、基本的な打合せは施主と建築家の二者で進めます。しかし、ここからもＯＺＯＮＥのサポートは多岐にわたります。まずはスケジュール管理からコスト管理、設計の進捗状況のチェックなど、要所でポイントを押さえ、第三者として客観的にプロジェクトを把握、アドバイスしてくれます。また、工事が始まると、詳細な現場検査

上右／素材のコントラストが空間のつながりを演出する。
上左／のびやかな空間の居住スペース。
設計　黒崎敏　写真　西川公朗
下／インタビュー風景。正面が設計者の黒崎氏。

報告書の提出が義務づけられていて、設計者・施工者には緊張感のある質の高い仕事が求められます。そのような第三者視点や報告書の存在が、施主にとっては大きな信頼と安心につながっていることを強く感じました。一般的に、施主と設計者・施工者の常識のズレや、話の行き違いからトラブルに発展することが少なくありません。ところが、実際に報告書等を見せてもらったところ、OZONEの担当者が終止一貫してプロジェクトを見守るシステムにより回避されたリスクは計り知れないと思われました。

施主が次のクライアントを紹介する

話を伺った印象として、施主はこのリノベーションを心から楽しんでいました。そして建築家とも深い信頼関係を築いたようです。

その結果として本物件の完成後も、案件を抱える家族や知人を、直接本建築家に紹介するまでにいたっていました。施主と設計者のひとつの理想的な関係がそこにあったのです。

当事者同士の努力や歩み寄りはもちろん必要ですが、マッチングとコーディネートという面でOZONEの果たした仕事はかなり大きいはずです。

不安要素を払拭するシステムの利用

プロジェクトを成功に導くために建築家との出会いはもちろん重要ですが、その後のプロセスの共有、そして何よりも明快なコミュニケーションと不安要素の除去が不可欠だということを改めて実感しました。完成して初めて「この建築家にお願いしてよかった」ということができるのでしょう。知人を頼ったり、雑誌でイメージの合う作品を探すことも一手ですが、このようなシステムを利用することも有効的な手段だと強く感じます。

漠然とした不安を一気に解消してくれる優秀なスタッフと確立されたシステムがそこにありました。もちろん設計者としても、トラブルを避け、理想的な仕事を求める上で「家づくりサポート」の利用は大きなメリットになることでしょう。

現在、家づくりサポートに登録している建築家は330名です。可能性の広がりがかえって視点をぼかしてしまう昨今、アフターフォロー万全のこのマッチングシステムに期待を込めてみるのも一案ではないでしょうか。

リビングデザインセンター OZONE
OZONE 家づくりサポート

163-1062
東京都新宿区西新宿 3-7-1　新宿パークタワー内
tel 03-5322-6518
iepo@mail-ozone.jp
http://www.iesapo.jp
10:30 ～ 19:00（水曜休館）

施工会社

安心感をもたらす48年の歴史。設計の意図をくみ取り、柔軟に応える

関内建匠

文　高安重一／アーキテクチャー・ラボ

関内建匠は東京・江戸川区の工務店で、50km圏内であれば千葉、埼玉なども仕事の範囲としています。新築工事も請け負っていますがリフォームも分け隔てなく取り組んでいるとのこと。

社長の関内順平さんは、この道48年の大ベテラン。その経験は何ものにも代えがたいといえます。その安心感はクライアントにも伝わるようで、私のクライアントに紹介すると皆さんホッとされる様子がわかります。

設計者との仕事は「初めは負担が多い」けれど「勉強になる」と関内さんは話します。図面の意図を読み取って、意思の疎通を取り合うのは大変なことも多いけれど、「できないと思っていたことが、一緒に考えていくと、結局できるようになる。そうやって幅が広がっていくのが良い」ということ。

そして大切にしているのは「お客さまの立場に立って仕事をする」こと。以前はお兄さんと一緒に工務店を経営してきて、このことをずっと教えられてきたと話し、それを貫いてきていると話してくれました。

関内建匠に仕事を依頼した中で印象的だったのは、若い職人さんが熱心だったことです。鉄骨の建築金物をつくる山下鉄工には細かいスチールの階段製作などで知恵を絞ってもらいました。また、40代の大工の三股寿史さんはサラリーマンからの転職という経歴で、仕事に誇りをもって取り組んでいる様子。そして、監督の岩崎敦さんももうすぐ40才で脂が乗っており、関内さんの右腕として頭角を現しています。さらに関内さんの息子さんも加わり、これからの関内建匠を支えていかれることが想像されます。

ただし関内さんも負けていません。「あと3年で70才になるけど、70になっても仕事はやめないだろうな」。続けて「建築の仕事が好きだし、やりがいがあるからね」と現役続行の意志を見せてくれました。

上／和小屋をあらわしにした練馬ー Y 邸。設計　アーキテクチャー・ラボ
下／マンションリフォーム例の予定。設計　タステンアーキテクツ

関内建匠有限会社

132-0011
東京都江戸川区瑞江 3-2-8
tel 03-3678-6811
jun@sekiuchikensyou.com
http://sekiuchikensyou.com

豊富な技術と知識をもって、密なコミュニケーションからスタート

水無月興産

文　htmn

埼玉・朝霞市にある水無月興産は、東京を中心に関東圏で住まいの新築・改修工事、店舗工事などを手がけています。専務の山本秀一さんにお聞きしたところによると、仕事の依頼はリピーターやお客さまからの紹介によるものがほとんどで、「営業らしい営業はしていません」とのこと。誠実な仕事ぶりや確かな施工品質が伺えます。

山本さんはサービス精神に溢れた方で、仕事においても、その印象のままのようです。「打合せを通して設計者が何を大事に考えているのか、意図を理解するよう努めています。それがつかめていれば予算が厳しいときなどに、完成のイメージを損なわずにこちらから提案もできます。予算調整もメリハリが大事ですから。ただ、提案するからには、新旧問わず、建材や住宅設備機器などの勉強は欠かせません」。職人さんをはじめ仲間との情報交換も頻繁で、その知識に驚くばかりです。

山本さんは、現場のみならず、営業や積算などさまざまなことを経験されてきているそうで、「大きな物件や難しい工事であっても物怖じすることはないですね」と自信が垣間見えます。それは、見積もりにも反映され、「いつも安いねと言われます。電気工事など含めて自分でできる限り計算するので、細かい部分まで見ることができているのだと思います」と山本さんは言います。

また、業務全体の中でも多くの割合を占めるという改修工事に関して、「ノウハウもかなり蓄積していますので、得意といって良いと思います」とのことでした。改修工事は、進めていく中で思わぬ追加工事箇所が発生したり、不確定要素も多いですが、「やはり現場調査を大事にしています。そうしないと見積もりも難しい。現場では工事箇所だけではなく全体を見ます。それにもコツがあるんですよ」と、現場調査を重視する姿勢が伝わってきました。

「これからの時代は、環境のことを考えざるを得ません。ＬＥＤ照明器具の販売などを通して省エネルギーに貢献するような住まいの普及に尽力したいですね」。また、「新築・改修にかかわらず、個人の住まいにやりがいを感じます。やはりお客さまの笑顔が、ダイレクトな反応で返ってくるのが何よりも楽しいです」と語ってくれました。

上／「Natural Stick」
設計　遠藤政樹　EDH 遠藤設計室
下／「東所沢のリノベーション」
設計　髙田博章＋中畑昌之／htmn

有限会社 水無月興産

351-0007
埼玉県朝霞市岡 3-7-21 5-202
tel 048-468-5548
kenchiku@minaduki.info
http://minaduki.info

施工会社 —— 内装専門

木工にも、設計にも精通し、きめ細かな仕事を信条とする

シラコ、テック

文　高安重一／アーキテクチャー・ラボ

東京・江戸川区にあるシラコ、テック。読点は間違いではなく、必要で入れているとのこと。そう聞くとだんだんといとおしくなってくる不思議な社名の内装専門工務店です。白子常人専務は関口雄三建築設計事務所で7年間勤めた後、家業の白子木工所を受け継いでシラコ、テックを設立しているので、設計に関しても精通しています。

また、木工所時代の蓄積があるので、２００坪の敷地にある作業場を拝見すると、銘木はゴロゴロしているし、加工の機械も健在です。ちなみにこの銘木は設計者にも見てもらいたいとのことなので、事務所を訪問する機会があれば、ぜひ案内してもらうことをおすすめします。さらに、ちょうど事務所は作業場の一部に移転しようとしているところで、これからはさらにものづくりと一体化していくことが予想されます。

上／マンションスケルトンリフォーム。
左／小屋組を現しにしたリフォーム。
設計　芦沢啓治建築設計事務所

ちなみにシラコ、テックは木工所の前身があるからか、家具の製作に関して、群馬、埼玉、栃木などのルートを持っています。

最近ではＴＮＡの設計でキャラクターデザイナーの中野シロウ氏のオフィスを手掛けたそうです。さらに、スタッフの渡辺力也さんや大工の野口孝広さんが気に入られ、中野さんプロデュースの店舗を依頼されているとのこと。これはシラコ、テックの魅力を伝えるエピソードといえます。

その他、建築家では芦沢啓治氏、スキーマ建築計画、建築設計白川冨川、永山裕子氏、長谷川豪氏などとの仕事もしています。さらに建築業界では知られている鉄骨工事の日南鉄構の鹿島正社長とは、小学校の同級生ということで、いまも一緒に仕事をしていると聞きました。内装専門と紹介しましたが、建築業界に近い貴重な工務店といえます。

株式会社 シラコ、テック

134-0083
東京都江戸川区中葛西 7-17-19
tel 03-3687-0222
fax 03-5676-7179
tsuneto@shirakotech.co.jp
http://www.shirakotech.co.jp

職人よりも職人気質。微に入り細にわたって目を配る

田工房《でんこうぼう》

文　高安重一／アーキテクチャー・ラボ

当方も長いつき合いのリフォーム専門の工事会社です。社長の内田晃晴さんが28才のときに起こした会社で、今年で14年になります。大工さんは常用で3人を抱えて、年間40件のペースで仕事を進めています。

今回ゆっくりと内田さんと話してみると、印象的な言葉が出てきました。

「新築をやっている工務店ではリフォームはできない」。内田さんは、大工や職人の経験はないけれど、18才からリフォーム専門会社で勤めていたので、リフォームのノウハウが身体に染み込んでいます。例えば、マンションのリフォーム独特のルールや資材の搬入方法など、新築とは勝手が違うと話します。

「現場は生もの、精度を保てるか?」「ひと手間のかけ方を見極める」。見積もりも、協力業者からの見積もりは取らず、すべて内田さんが作成。現場でも金物や材木を協力業者任せではなく、すべて田工房から現場に支給するので、内田さんの頭の中には金物の数や値段もインプットされています。これが見積もりの精度も仕上がりの精度も上がる秘訣です。

「できてからが本当のつき合い、そこには気を使っている」。仕事の依頼は設計者からも多いけれど、引き渡したクライアントから新しいクライアントを紹介されることが多いといいます。現場で設計者とクライアントの両者の話に耳を傾けている様子からも、クライアントの信頼を得ていることは想像に難くありません。

その他の印象に残る言葉を挙げておきます。「日々勉強、失敗しながら学習もしてきた」「相手から仕事をさせて欲しいといわれるような会社になりたい」「新しいもの、建築家の描いたものをつくりたい」「やる前から〝めんどう〟、〝できない〟と言われるのが一番嫌い」「同世代の職人、若い人を引き込みたい」「職人より早く現場に行く、午前で仕事は決まる」職人さんよりも職人さんらしい言葉です。

最後に、取材に伺って奥さまとも一緒に食事をいただいたのですが、実は田工房の一番の秘密は一級建築士の奥さまとの二人三脚にあることを発見しました。創業時から一緒に考え、良い会社にしていきたいということがとてもよく伝わってきました。自分で推薦するつもりで取材に伺ったのですが、秘密にしておきたい気にさせられました。

ちなみにスタッフも募集しているとのこと。一員になれば充実した仕事ができること間違いありません。

戸建て耐震改修リフォーム。
上／ダイニングキッチン。
下／リビングからキッチン方面を望む。設計　アーキテクチャー・ラボ

有限会社 田工房

166-0004
東京都杉並区阿佐谷南 1-14-6
北澤ビル 201
tel 03-5305-8191
info-d@denkoubou.com
http://www.denkoubou.com

クライアントとのていねいなやり取りで、精度の高い家具をつくる

クレド（CREDO）

文　山崎裕史／ヤマサキアトリエ

クレドはオーダーキッチンをはじめ、造作家具や建具の製作を手がけている会社です。直接クライアントからの要望を聞き、住まいの雰囲気に合わせたデザイン提案も行っています。設計者にとっては、デザイン意図を十分理解しながら、クライアントの細かな要望に対して長年培った経験・実績からディテールや金物、素材の提案を実にていねいに行ってくれる力強い味方です。クレドは「信条」を意味する言葉だそうですが、コミュニケーションを大事にクライアントや建築家との打合せを何度も重ねることによってキッチンや家具をつくり上げていくことが彼らの信条です。

写真は、都内マンションの改装です。設計はシンガポールの建築家、ヴィンセント・リム氏。詳細設計と現場監理を依頼された私はキッチンや造作家具だけでなく、内装工事全体をクレドに依頼しました。改装がキッチンと造作家具、建具工事がメインだったからです。キッチンは人造大理石のカウンターと袖壁のついた極めてシンプルなデザインです。このようなデザインの場合、細部の仕上がりが大変気になります。信頼できる業者にしか頼めない仕事だと私などは思うのです。

彼らの仕事に対する姿勢は、見積もりを依頼した現地調査のときから既に表れていました。いつ依頼を受けてもすぐに作業に取りかかれるように細かく採寸していて、クライアントも驚くほどでした。現場が始まるとすべての造作部分の図面を正確に描き上げ、スケッチなども加えながら、自社工場への指示も間違いのないよう徹底しています。難しいディテールの現場施工も乗り切っていく。またアフターケアの姿勢がすばらしいのです。

設計・製作・施工まですべてにおいて責任を持つというプロフェショナルなら当たり前のことを当たり前に行ってくれる、クレドはそういう造作家具会社です。

株式会社 クレド（CREDO）

171-0033
東京都豊島区高田 3-8-5
セントラルワセダ 4F
tel 03-3590-0252
http://www.credo-order.com

右／人造大理石で囲まれたキッチンカウンター。
左／間仕切りとキッチン足元を鏡貼りにして、広がりを演出。
設計　Visual Text Architects（設計協力　ヤマサキアトリエ）

造作にも、外壁にも使用可能な ロシアの白樺からつくられた耐水合板

テツヤ・ジャパン

文　高安重一／アーキテクチャー・ラボ

「ロシアンバーチ」とはロシアの樺で、その耐水合板を紹介します。ロシアの西側全体に広がっている白樺の森からつくられるので、ヨーロッパではなじみの素材です。

日本には地理的に縁遠かったのでなじみは薄いようですが、フィンランドバーチやシナ合板などと似たような肌を持っています。

この「ロシアンバーチ」を取り扱っているのがテツヤ・ジャパン。その魅力を木村哲哉社長に伺いました。

フィンランドバーチが合板の短手に木目があるのに対して、ロシアンバーチは長手に木目が伸びています。中身もすべてロシア産白樺で、シナの共芯などと比較されることも多く、価格はそれよりも割安です。厚みも4㎜〜30㎜まで9種類と豊富です。また、エコバーチと呼ぶ、節を補修したグレードもあるので、用途に応じて使い分けるといいでしょう。

家具はもちろん、床板、建具や建具枠もロシアンバーチでつくっています。合板の積層を表面とした板材、レイヤーフェイスも使い道が多そうです。めずらしいのはスイッチプレートや、外壁材として使用した例です。家全体をロシアンバーチでつくることができそうです。

個人的には、ロシアンバーチに漆塗りを施した製品に興味を覚えました。職人さん曰く、「漆がうまくのるし、小口もキレイに塗れる」とのこと。昔、シナ合板に濃い目のステイン系塗装をしたときに、ひどいムラができたことがあり、それ以来、クリアか薄いホワイトの塗装をしてきましたが、ロシアンバーチでは濃いステイン系の塗料も試してみたいと思いました。

いずれにしても、まだ日本では多く流通していないので、仕上げをいろいろ試しながら開発する楽しみがあります。まずはテツヤ・ジャパンに相談してみてください。

1. 床板とスパイラルチェア。
2. 建具としての利用。
3. 家具のあられ継ぎ。
4. 積層を見せるレイヤーフェイス。
5. スイッチプレート。
6. 外壁材としての利用。
7. 木目の魅力のある漆塗りの例。

株式会社 テツヤ・ジャパン

655-0031
兵庫県神戸市垂水区清水が丘 3-7-2
tel 078-647-7721
info@tetsuya-jp.com
http://tetsuya-jp.com

木製パネル材

表面を立体に彫り上げた、杉と桧の可能性を広げる壁面材

朝日ウッドテック

文　後藤直也／後藤直也建築設計事務所

杉・桧利用の新しい形

平成22年10月「公共建築物等における木材利用の促進に関する法律」が施行され、現在国を挙げて国産材の利用が叫ばれています。そんな折に紹介するのは、国産の杉・桧による壁面材「COOL JAPAN PREMIUM」。

「国産材を活用した商品を提供し、日本、そして地球の環境を守りたい」という朝日ウッドテックの思いが凝縮した新商品です。主な特徴は３つ。デザイン性の高さ、高性能な健康素材、容易な施工性にあるといえます。

デザイン性

選別された杉・桧を幅はぎ、集成してから、ウェーブやリブ等の加工を施した商品ですが、木であることを忘れてしまうほど洗練されています。それは大きな節を排除したり、木目、色を厳選するという徹底した品質管理が生み出したのでしょう。スクエア・ボーダーで2タイプあり、前者は２０１０年、後者は２０１１年グッドデザイン賞を受賞しています。

高性能な健康素材

木の性能（芳香と調湿）による効果を存分に引き出す工夫として、裏面にスリットを入れ、壁から24㎜浮かして設置する方式をとっています。目地からパネル背面へと空気の流れをつくり、意図的に木と空気が触れ合う面積を大きくした設計になっています。その形態が実際に効果を高めるという実験データの裏付けもあり、木の性能という面で大いに期待できそうです。

容易な施工性

ビスで固定する乾式工法で施工も非常に容易です。また、スクエアは施工後も容易に取外しが可能です。建材と家具の中間的な存在ともいえる形態は、とくにリノベーション時に力を発揮することでしょう。壁全面はもちろん、デザインアクセントや子ども部屋の一部分に、さらにはパターン変更や移設などさまざまな使い方を想像させます。

「国産材を単に消費するのではなく、できるだけ高い価値を認め積極的に利用したい」本商品はその要求に対するひとつの結果といえるでしょう。あと1アクセント……というとき、有力な選択肢として、ぜひ覚えておきたい商品です。

上／「COOL JAPAN PREMIUM」を壁に張った空間。
下／「COOL JAPAN PREMIUM」のバリエーション。

朝日ウッドテック株式会社

541-0054
大阪府大阪市中央区南本町 4-5-10
tel 06-6245-9505
http://www.woodtec.co.jp

壁面を三次元で彩る。色も素材も、形状も幅広く展開

サカイ

文　高安重一／アーキテクチャー・ラボ

サカイは言わずとしれたリブパネル「サカイリブ」のメーカー。パネルのバリエーションは100種類以上とカタログにはありますが、素材や仕上げの違いを含めるといくつの組み合わせになるかは想像できないくらいです。これだけのバリエーションを持った製品を扱うパネル会社は世界にあるのでしょうか。

先日、久しぶりに堺道明社長にお会いしました。社長は「困ったときのサカイリブ！　貼るだけで雰囲気一変！」と手短に特徴を述べますが、これは逆に「あなたはどんな使い方ができますか？」と設計者の力量を試されているような言葉です。

考えてみると、インテリアデザインの世界で「サカイリブ」は、ほぼ定番。なくてはならない製品として定着していると思います。ところが住宅の世界では思ったほど使われていないのではないでしょうか？　もしかしたらとても大きな可能性を見過ごしているのでないかという思いから、今回のオススメ建材で「サカイリブ」を取り上げます。

上／インテリアの中心に仕切りの役割にパネルを使用。
左／棚板の小口にパネルの小口を見せるように用いた例。
下／キッチンの正面にリブパネル。

事例は住宅に近いイメージのものですが、個人的には「スクリーン」「マスク」の透過性、「UB（ユニットブロック）」「フリースタイル」の奥行き感なども使い方のイメージを刺激されます。

そして、サカイリブデザインコンペティションはご存じでしょうか？　「サカイリブ」を使った空間であれば応募可能で、なんと副賞には審査員とともに行く海外建築ツアーがついているのです。堺社長も「休憩なんていらないから、ひとつでも多く建築を見たい」という建築マニアなので、是非ご応募を！

株式会社 サカイ

811-0203
福岡県福岡市東区塩浜 1-27-24
tel 0120-07-7810
sakairib@ sakairib.com
http://www.sakairib.com

デザイン性と価格にこだわった、床暖房対応の複合フローリング

アイオーシー(IOC)

文　山崎裕史/ヤマサキアトリエ

アイオーシーは意匠と品質にこだわった内装建材のトータルメーカーです。その中でも床暖房対応の複合フローリングは現在、同社の主力商品となっています。フローリングを扱うメーカー、商社はたくさんありますが、同社はデザイン性と価格にこだわったラインナップが特徴的です。それが多くの著名な設計事務所に支持される理由でもあります。

複合フローリングは表面材の厚さによって3タイプあり、20シリーズ、40シリーズ、06シリーズと名付けられています。2㎜の単板を貼ったスタンダードな20シリーズは、12種類の樹種を揃え、いろいろな空間のイメージに合わせることができます。また、安全な自然塗料であるオスモ社のオイルフィニッシュによって、木の風合いが生かされた美しい表面を楽しめます。

4㎜の単板を貼った40シリーズは、幅広(180㎜)かつ、うづくり加工によってさらに無垢材に近い質感があります。0.6㎜の単板を貼った、もっともリーズナブルな06シリーズは単に安さを追求したものではありません。耐久性を上げるために日東紡が開発した液体ガラス塗料(SSG)を含浸させ、表面強度を上げるとともに、メンテナンスフリーのフローリングを実現させています。*1

このようなフローリングの種類の豊富さに加え、床材と同じ材の、階段の段板を手に入れることが可能になりました。通常、フローリングと階段材は別扱いとなり、集成材の色合わせなどで何とかしのいできましたが、同社ではそのような設計者の苦悩を聞き入れ、商品企画に反映させてくれました。「設計者のプライベート工場という気持ち」でやっているという取締役の寺内雅人さんの言葉が同社の姿勢を語っています。

他社では扱っていない石材・タイル製品の輸入販売、建具の製作などインターナショナルな情報収集から得た商品企画が中心の、内装建材メーカーとして注目しています。

*1　全てのシリーズでSSG塗装が可能。

下/20シリーズ　アッシュホワイトオイル。
設計　ヤマサキアトリエ
上/20シリーズ　ブビンガクリアオイル。
設計　竹内デザイン+ヤマサキアトリエ
写真　繁田諭/ナカサアンドパートナース

アイオーシー(IOC)株式会社

名古屋本社/名古屋市東区葵 1-6-7-3F
tel 052-931-3337
東京支社/東京都港区南青山 1-26-16
tel 03-5771-8125
ショールーム/東京都世田谷区用賀 3-12-19
マドビル 3F　リネアタラーラ内
tel 03-5771-8125(完全予約制)
http://www.iocjapan.biz

入浴時の温かさとリラグゼーションを支える、どっしりとした重量感とやわらかさ

大和重工

文　中佐昭夫／ナフ・アーキテクト&デザイン

2年前に自宅を建てたのですが、大和重工の鋳物ホーロー浴槽を採用しています。理由はいろいろありますが、ひとつは見た目の質感です。ガラス質の表面塗膜に厚みがあるためか、透明感があります。もうひとつは触感。重厚な鋳物の上に釉薬を焼成させた表面塗膜は、当然硬いのですが、不思議と瀬戸物食器のように身体になじむやわらかさがあります。

世の中にユニットバスが普及する以前から、ずっと改良を重ねてつくり続けられてきたもので、価格的にリーズナブルですし、トラブルやメンテナンスへの対応もさまざまな蓄積があるため安心感があります。

私自身、つい数年前までその存在を知らなかったのですが、あるとき営業の方がワンボックスカーに実物を積んで事務所の近所に来られたのです。駐車場で荷台にゴソゴソ入り込んで、積まれた浴槽を確かめたのですが、そのときの印象が強く残っていて、一度使ってみたいと考えていました。自邸はその採用物件第一号です。

「A House Made of Two」（自邸）の浴室。上／浴槽はサンルームの脇、バルコニーに面して据えられている。下／バルコニー側がガラス壁なので太陽光が降り注ぐ。
設計 中佐昭夫／ナフ・アーキテクト＆デザイン
写真 矢野紀行／ナカサ＆パートナーズ

昔のホーロー浴槽とは違って釉薬の改良によって現在はかなり耐薬品性が高いようです。表面硬度が高くて傷がつきにくいため、細菌の繁殖も抑えられるとのこと。鋼板ホーローの浴槽もありますが、鋳物の方が鉄の厚みがあるため、一度浴槽が温まるとそれ自体が熱容量の高い発熱体になり、入浴する人の身体の温まり方が違うようです。

鉄が厚いということはそれだけ重いということで、工事のときは大変ですが（笑）、据えてしまえばどっしりと独特の存在感があります。自邸では浴槽の周囲に立ち上がりをつくらず、ポンと床に置いてそのままが見えるようにして使っています。

先頃、新しいブランド「キャスティエ」が発売されました。洗練されたデザインで建築家の間でも話題になりそうです。

大和重工株式会社

113-0034
東京都文京区湯島 2-17-10
tel 03-3818-4331
http://www.daiwajuko.co.jp

音環境システム

まるで森の中にいるような、終わりを感じさせない音場をつくる

日東紡音響エンジニアリング

文　高安重一／アーキテクチャー・ラボ

日東紡音響エンジニアリングは音響の専門家で、音楽スタジオなどの設計施工を行っていますが、オーディオマニアの方にもその名前は知れ渡っています。リスニングルームに置くだけで音場を整えることができる、「AGS」という製品などがその代表です。

視聴可能な「Sound Lab.」では森の音場が再現されている。

今回、推薦するのは「森の中の音場を目指している」という同社の思想です。先代の社長が京都の北山杉の森の中の音場がすばらしいことを見つけて、それを室内に実現したいと研究を重ねてでき上がったのが「Acoustic Grove System（AGS）」であり、これを体験できるのが千葉市にある研究所内の「Sound Lab.」です。

ここを訪れたときの印象は忘れられません。部屋に入ると普通は閉塞感を感じ、目をつぶっていても部屋の大きさがわかります。ところが「Sound Lab.」に一歩足を踏み入れると、外に出たかのような感覚に陥ったのです。ここには終わりのない広がりのある音環境「森の中の音場」が実現しているのです。

具体的に音場の説明をすれば、さまざまな太さの木の配列を調整して「緻密な中高域の響きと、低域の抜けが良い」ということになるのでしょう。しかし、この環境はリスニングルームに限定するのではなく、オフィスや住宅にこそ実現したいと思わせるものでした。森の中で仕事をした方が快適に決まっています、森の中で住むなんて健康になりそうです。

製品化された「AGS」を置いたインテリア。

リフォームやリノベーションでは温熱環境の改善などは試みられてきていますが、さらに音環境も改善することで、本当に快適で健康な住まいが得られるのだと思います。

「Sound Lab.」は視聴見学が可能で、音響の設計施工の相談にものってもらえます。日東紡音響エンジニアリングは強力なパートナーといえるのです。

日東紡音響エンジニアリング株式会社

営業推進部／佐古
130-0012
東京都墨田区緑 1-21-10　BR 両国２ビル
tel 03-3634-7567
ags@noe.co.jp
http://www.noe.co.jp

人にも家にも、地球にもやさしい温熱環境コントロールシステム

ウェル

文　岩堀未来／岩堀未来建築設計事務所

　家での心地よさは、温熱環境によって大きく変わります。家の温熱環境をコントロールする仕組みはいろいろとありますが、高齢化社会、省エネルギー社会にふさわしい温熱環境コントロールシステムとはどのようなものか？　現代の住宅設計者ならば必ず考える課題だと思います。これに応える優れたシステムとして、ウェルの「BEシステム」があります。

　暖房というと、一般的には部屋ごとに設置したエアコンや床暖房などで部分的に温める方法を採っています。これに対してBEシステムは、家全体に熱をためて、家全体をほのかに温める方法です。そのため家のどこに居ても温度差を感じることがなく、身体に負荷がかかりません。また、床が局所的に高温にならないため低温火傷などもありません。つまりBEシステムによる温熱環境は人にやさしい心地よい環境なのです。

　BEシステムの仕組みについて簡単に説明します。BEシステムは樹脂管を床下のコンクリートの中全体に敷き詰めます（もちろん浴室、脱衣室、トイレの下にも入ります）。この管に昼間より安い深夜電力によってつくられた温水を循環させコンクリートを温めます。

　次に省エネルギーについてはどうでしょう。普通、家の基礎はコンクリートでできていますが、コンクリートは一度熱をためるとその熱が逃げにくいという性質があります。これを利用して基礎のコンクリートに熱をためるので、常時エネルギー（電気やガスなど）を供給する必要がなくなり、非常に少ないエネルギーで効率よく室内の温熱環境をコントロールできるのです。

　BEシステムは家の断熱性能と気密性能とが確保されて機能するシステムです。その上で、風の通り道を確保する間取りにすれば、夏は自然通風によって室内の温熱環境をコントロールできます。

　このようにBEシステムは単なる省エネルギーだけではなく、人にとってどのような温熱環境が心地よいのか、また、それをいかに省エネルギーで実現するかを考えた、人の生活の本質的な問題に取り組んだシステムなのです。

上／設計・施工　アクティブ・アート
左／設計　HAN環境・建築設計事務所
右／設計　川久保智康建築設計事務所　写真　永坂智直

BEシステムの仕組み。蓄熱された熱で輻射により家中を温める。夏は保冷効果で涼しさを持続させる。熱源更新で将来対応可能。

株式会社 ウェル 東京支店
105-0013
東京都港区浜松町 2-1-13
芝エクセレントビル 3F-B
tel 03-6450-1150
http://www.well-be-eco.com

住宅セレクション vol.3

「更新する家」募集要項

この本に収録した入選作品の、コンペ時の募集要項です。

■ 募集対象

既存建築物に増築・改築・模様替え・修繕等を行った住宅。用途転用により住宅になったものなど。形式（戸建・集合）は問いません。

＜実作部門＞

実現している物件。竣工時期は問いません。

＜提案部門＞

実施を前提に企画・提案したもの。

■ 審査員（敬称略）

・植田 実（編集者／評論家／東京藝術大学建築科講師）

・千葉 学（建築家／東京大学大学院准教授）

■ 賞

応募作品の中から30作品程度を選出。各審査員賞のほか、入選者には賞状を授与します。

※ 入選作品を収録した書籍の出版を予定しています。

※ 入賞作品展を予定しています。

■ 応募資格・条件

① 建築士法に基づく建築士で47都道府県のいずれかの建築士会正会員であること。

※ 作品提出時までに入会手続きが完了した方を含みます。

※ 連名による応募の場合、表彰対象は建築士会正会員に限らせて頂きます。

② 応募する住宅の居住者及び所有者の作品応募に関する承認を得ていること。

③ 複数点の応募も可能とします。

■ 応募手続き

① 日程

登録期間：2010年11月1日（月）～ 2011年1月7日（金）

提出期間：2011年1月5日（水）～ 2011年1月11日（火）必着

② 応募登録方法

ホームページから応募登録を行ってください。

http://www.tokyokenchikushikai.or.jp/11_seinen/2010compe

③ 応募方法

提出期間内に応募必要書類を纏めて提出ください。

提出物の受付及びお問合せ時間は、平日の10時から17時までとなります。

④ 応募必要書類

・A2サイズ（420mm × 594mm）横使いの作品パネル１枚

※ 5mm厚のハレパネ又はスチレンボードでパネル化すること。

※ アルミフレーム等には入れないこと。

・作品データ（PDF形式）を入れたCD-R １枚

・作品のA3サイズ（297mm × 420mm）縮小コピー１枚

・登録者証（所定の書式A4判）１枚

※ ホームページから入手できます。

⑤ 応募パネル内容

応募パネルには、次の項目を盛り込んでください。

・作品名称

・設計趣旨（400字程度、文字サイズは12ポイントとする）

・設計意図を伝えるために必要と思われる図、写真等（表現方法は自由とする）

⑥ 提出先（応募に関するお問合せ先）

〒104-6204　東京都中央区晴海1-8-12 晴海トリトンスクエアZ棟４階

社団法人 東京建築士会 事務局

tel. 03-3536-7711 / fax. 03-3536-7712

■ 入選作品の発表・協力要請

・作品選考は非公開とし、選考結果に関する個別のお問合せには応じないものとします。

・ホームページにて入選作品を発表するとともに、入選者には入選の通知を行います。（2月末予定）

・入選者には、出版書籍編集のために作品資料等の提供（無償）のお願いをすることがあります。

《参考：発刊実績》

○ 住宅セレクションVol.1

『藤森照信× 伊東豊雄の住宅セレクション30』

（2006年エクスナレッジ発行）

○ 住宅セレクションVol.2 「家の風景・風景の家」

『建築家と考えるセカンドハウス』

（2008年エクスナレッジ発行）

■ 著作権及び応募作品の取扱い

・応募作品の著作権は、応募者に帰属します。

・写真データ等の使用については、撮影者の同意を得ておいてください。

・応募作品は、理由の如何を問わず返却しません。

・応募作品の公表及び出版の権利は、主催者が保有します。

・応募作品に含まれる個人情報は、本会個人情報保護方針（ホームページにて公開）に基づき、適正に管理します。

この企画は、財団法人 建築技術教育普及センターが実施する「平成22 年度第１回普及事業助成金対象事業」となっています。

主催：社団法人 東京建築士会

企画：社団法人 東京建築士会 青年委員会

後援：社団法人 日本建築士連合会

Afterword

あとがき

個人的な話になりますが、私の設計の実務経験はロンドンの建築家事務所から始まっています。当時その事務所での設計活動は、伝統的なテラスハウスの改装やオフィスビルのホテルへのコンバージョン、倉庫の店舗への改装などでした。たとえ朽ちかけた建築物であっても、ある時代につくられた建物はその時代の文化を反映していて、リスペクトされるべき対象であり、その上に自分の建築思想を積み重ねることが、若い建築家の最初の仕事なのでした。

それに対して、日本の都市では経済至上主義のもとスクラップ・アンド・ビルドが繰り返され、価値として信用できるものは土地だけという状態が続いています。建築や都市への時間的な視点、あるいは更新性などといったことは無視され続けてきたと言っていいでしょう。西欧などの街並みをあこがれの眼差しで眺め、日本の乱開発された街を醜いと嘆く声はずいぶん前から聞きますが、今ある建築や街へのリスペクトがなければ街が美しくなるわけがありません。

リノベーションの意義は、植田実さんと千葉学さんの対談の中にもあるように、今あるものを肯定し、リスペクトする姿勢そのものにあります。自分では自由にコントロールしきれない現実に向かって、冷静かつ大胆に、衝突と積み重ねから生まれる創造性を信じて挑んでいくことが、私たち若い建築家や建築士に今必要とされていることではないでしょうか。

出版にあたり、「更新する家」の審査員を務め、示唆に富む対談を残していただいた評論家の植田実さんと建築家の千葉学さんにまず感謝します。おふたりには震災直後の慌ただしいときに審査にのぞんでいただき、また植田さんには夏の暑い最中、入選作品の現地取材にもご同行していただきました。次にこの本の編集を行ってくれた磯達雄さんと阪口公子さん。おふたりのご尽力がなければ、出版に関してまったく素人の私たちだけでは決してこのような本を送り出すことができなかったでしょう。

最後に、この企画に手弁当で携わってきた「住宅セレクション」ワーキンググループのメンバーとコラム執筆にあたってくれた東京建築士会青年委員会のみなさま、そしていつも要所でフォローを入れてくれた事務局の小川和久さん、お疲れさまでした。

2011年9月11日　震災から半年を迎えた三陸沖の町にて

東京建築士会 青年委員会

「住宅セレクション」ワーキンググループ

山崎裕史／ヤマサキアトリエ代表

更新する家
リノベーション住宅大研究

東京建築士会　編

2011年10月25日　初版第1刷発行

編集委員　社団法人 東京建築士会 青年委員会
〈ワーキンググループ〉岩堀未来・大坪和朗・後藤直也・白川貴子・
高安重一・長尾亜子・山崎裕史・渡辺由之
〈事務局〉小川和久・遠藤智之
編集　磯達雄（フリックスタジオ）・阪口公子・大家健史
デザイン　新目忍・齋藤知恵子

発行人　馬場栄一
発行所　株式会社 建築資料研究社
〒171-0014　東京都豊島区池袋2-68-1　日建サテライト館7階
tel. 03-3986-3239
fax. 03-3987-3256
http://www.ksknet.co.jp/book/
印刷・製本　大日本印刷株式会社

ISBN978-4-86358-147-0